THE POETIC HOM
BETWEEN THE MOUNTAI

山海之间的诗

青岛文化名人故居概览

THE OVERVIEW OF THE CULTURAL CELEBRITIES' FORMER RESIDENCES IN QINGDAO

青岛市文化遗产保护委员会 编

COMPILED BY QINGDAO CULTURAL HERITAGE PROTECTION COMMITTEE

中国海洋大学出版社
·青岛·

图书在版编目（CIP）数据

山海之间的诗意栖居：青岛文化名人故居概览 /青
岛市文化遗产保护管理委员会编 . —青岛：中国海洋大
学出版社，2015.5
ISBN 978-7-5670-0904-2

Ⅰ.①山… Ⅱ.①青… Ⅲ.①名人－故居－介绍－青
岛市 Ⅳ.①K878.2

中国版本图书馆CIP数据核字（2015）第094532号

出版发行	中国海洋大学出版社
社　　址	青岛市香港东路23号　　邮政编码　266071
出 版 人	杨立敏
网　　址	http://www.ouc-press.com
电子邮箱	flyleap@126.com
订购电话	0532-82032573（传真）
责任编辑	张跃飞　　　　　　　电　　话　0532-85901092
印　　制	济南麦齐印务有限公司
版　　次	2015年5月第1版
印　　次	2015年5月第一次印刷
成品尺寸	124mm×182mm
印　　张	5.75
字　　数	147千
定　　价	35.00元

主　　　编：李　明

副 主 编：郑安新

执 行 主 编：刘红燕　　巩升起

编　　　委：陈　启　　刘立强　　温立杰
　　　　　　李　菁

撰　　　稿：巩升起　　刘红燕　　杨洪勋

油　　　画：陈洪坤

钢 笔 画：窦世强

彩铅插画：田霄霄　　宋　博

摄　　　影：卓　然　　宋　博　　田霄霄　　杜盛业
　　　　　　王超鲁　　王逸欧　　秦　岭

特约审校：栾淑贞　　杨明海

翻　　　译：盛博田

● 黄金时代——萧红萧军的青岛岁月

目录

CONTENTS

青岛文化名人故居的整体情况

The Overall Condition of the Cultural Celebrities' Residences in Qingdao

文化名人故居与青岛历史文化名城
The Historical and Cultural Value
of the Cultural Celebrities' Former Residence

　　青岛作为国家历史文化名城，在诸多方面典型地反映了近代以来中国历史的演变轨迹。其中，文化名人故居是历史文化名城的一个重要载体，凝集并昭显着城市的基本文脉。

　　在历史演变中，青岛文化名人故居基本完好地保存下来，具有较高的文物价值，其整体性、丰富性与集中性实堪瞩目。众多人文英才与科学巨子的寓所，共同构成了国内罕见的文化名人故居景观，具有特别丰富的历史价值、艺术价值与科研价值。这些文化名人故居素享盛名，广为海内外所瞩目，已经成为一种独具魅力的文化旅游景观，蕴藏着深厚的文化感召力。

　　青岛的文化名人故居具有历史价值高、分布集中、数量多、类型广、延续性强、保存完整等诸多特点，这在国内的历史文化名城中是罕见的。相比较而言，青岛的文化名人故居具有相当大的整体性、丰富性和独特性，文化意义明确，保存现状较好。在青岛，文化名人故居作为一种别具魅力的文化景观而声名远播，其显著的文物价值及文化旅游价值日益引起各方

◉ 20世纪二三十年代的青岛

● 在信号山上眺望小鱼山文化名人街区

关注。作为一种珍贵的文化资源，文化名人故居凝结了城市精神的博大内涵，也预示着城市文化的美好前景。

　　得益于文化名人故居的存在，青岛美丽的海岸线变成了一条光彩夺目的人文走廊，标举着城市基本的精神价值，彰显着青岛人文与自然、东方与西方、古典与现代交相辉映的理想生态。历史上，名流云集的盛况在青岛一度表现得极为经典，彰显出青岛历史文化名城之内在底蕴中至为精粹的一部分，使城市的文脉显得生动、深邃、久远。

文化名人故居的地理位置与人文环境
The Cultural Celebrities' Residences of Geographical Location and Cultural Environment

　　青岛是我国近代文化名人故居分布最为集中的城市之一，在青岛历史城区（青岛西部老城区），名人故居沿八大关－小鱼山－信号山－观象山－观海山－中山路一线集中分布，仅在小鱼山一带就有20余处，充满深沉的历史气氛。

● 小鱼山区域

　　明初，汇泉湾一带为古老村落会前村。

　　1891年，青岛建置。1892年，在小鱼山西侧建起清总兵衙门，小鱼山一度被称为衙门山。1898年，德国人制定了青岛的第一个城市规划方案，奥古斯特-维多利亚湾（今汇泉湾）被规划为青岛的第一个别墅区，德国总督临时官邸、总督副官

● 奥古斯特-维多利亚湾（今汇泉湾）旧影（约1904年）

● 以小鱼山为中心的青岛航拍图（20世纪30年代）

官邸、地政专家单威廉、胶海关税务司阿理文及德商伯恩尼克等人的别墅相继出现。1903年，随着海因里希亲王沙滩旅馆、跑马场及露天音乐台的兴建，奥古斯特-维多利亚湾成为亚洲著名的度假胜地。1912年9月，孙中山先生来青岛，下榻海因里希亲王沙滩旅馆。1923年6月，康有为先生入住原德国总督副官官邸，成为寓居小鱼山的第一位文化名人。1924年，私立青岛大学利用德占时期建造的俾斯麦兵营旧址开办。1930年，国立青岛大学在此诞生。从此，小鱼山成为文化名人的聚居地，历史上先后有30余位文化名人在此居住。1932年，中国最先进的水族馆在小鱼山以南的海滨公园内建成，正式标志着中国现代海洋科学的启航。1936年，在水族馆以东建成海滨生物研究所。1950年，中国科学院水生生物研究所青岛海洋生物研究室（今中国科学院海洋研究所前身）在汇泉湾畔诞生。

康有为、闻一多、梁实秋、沈从文、洪深、宋春舫、赫崇本、朱树屏、毛汉礼、刘知侠等文化名人的故居均分布于小鱼山周围。2012年，小鱼山文化名人街区被评为中国历史文化名街。

● 信号山区域

信号山位于小鱼山以西，南望青岛湾，为青岛西部老城区北部的重要屏障。

明清时期，信号山至青岛湾的一片区域为青岛村人的家园，有青岛村河流入青岛口（今青岛湾）。青岛口为海事要津，1463年在此建起天后宫，为妈祖文化北传的重要一站，成为本土文脉的一个重要见证。1891年青岛建置后，在青岛口东北岸建起清总兵衙门。在1898年青岛第一个城市规划中，青岛湾北岸区域被规划为主城区，信号山成为主城区北部的重要屏障。1905～1907年，选址信号山东南麓高台地建造了德国总督官邸。20世纪20年代以后，信号山周围兴建了大量欧式住宅。1930年以后，随着国立青岛大学在信号山以东的创建，许多著名作家、学者和科学家在这一带寓居。

信号山以南，分布着杨振声、老舍和华岗等文化名人的故居。

● 从信号山眺望青岛湾（约1910年）

● 在小青岛上眺望观象山及其周边街区（约1910年）

● 观象山区域

观象山位于信号山的西北方，为青岛西部老城区北部的重要屏障，自1897年德占胶澳以后，山南被规划建设成为主城区的中心之一，为青岛域外建筑分布最为集中的区域之一。

1910年，在观象山之巅建起了观象台，以一座巍巍天堡的形象出现在城市天际线上，与海中的小青岛交相辉映。作为天文与海洋研究的秘府，观象台开辟了一座城市的星空视野。1928年，青岛观象台率先设置海洋科，宋春舫任科长，就此也开启了海洋科学研究的先河。20世纪30年代，在观象山东北麓建起了圣保罗教堂。那里的道路因山而名，沿山地迂曲回旋，高低错落间呈现出青岛老城区特有的风貌。

萧军、萧红、舒群故居坐落于观象山东麓。

007

● 观海山区域

观海山位于信号山以西，观象山西南方。从观海山到青岛湾的轴心区域是近代青岛的历史中心。

1897年德占胶澳后，将青岛湾北岸规划为主城区，以观海山南麓为行政枢纽，1905年，在山南高台地上建起了总督府行政大楼。自此，在20世纪的历史进程中，这里一直是青岛的行政中心，分布着大量建于1914年以前的高规格德国建筑。1922年中国收回青岛后，胶澳商埠在山巅建起了观海台，在那里眺望青岛湾和胶州湾，主城区尽收眼底。1929年南京国民政府接管青岛以后，观海山东西两边及北部开始大规模兴建民居建筑，风格多为欧式，成为青岛高级住宅区。

观海山及其周边，分布着王统照、王献唐等文化名人的故居。

Tsingtau   View of Outside and Government Barracks.

● 观海山旧影（约1907年）

文化名人故居的保护利用
The Protection and Utilization of Cultural Celebrities' Residences

　　青岛市高度重视文化名人故居的保护利用。1985年,青岛市人民政府公布康有为故居、老舍故居和闻一多故居为市级文物保护单位。2000年,康有为故居得到全面修复并被辟建为康有为故居纪念馆。2003年,青岛市人民政府对20处文化名人故居予以挂牌保护。2005年,青岛市人民政府公布王统照故居,沈从文故居,洪深故居,华岗故居,梁实秋故居,萧红、萧军、舒群故居,王献唐故居,冯沅君、陆侃如故居,童第周故居,朱树屏故居,束星北故居及赫崇本故居为市级文物保护单位。2006年,山东省人民政府公布康有为故居为省级文物保护单位。2010年,老舍故居得到全面修复并被辟建为骆驼祥子博物馆。2012年,小鱼山文化名人街区被评为中国历史文化名街。青岛将文化名人故居的意义提升到关乎城市文化形象与发展前景的高度,为此开展了多方面的创造性工作。经不懈努力,文化名人故居的意义现已深入人心,受到广大市民及海内外人士的瞩目。可以说,青岛文化名人故居保护利用工作走在了全国前列,在国内创立了一个成功模式,具有示范效应。

　　文化名人故居是青岛历史文化名城的重要组成部分,也因为往昔那些文化灵魂的栖居而展现出更深远的景象,隐含着近现代文化和人文思想的诸多密码,在古典与现代、东方与西方的文化交辉中形成深远和鸣。山海之间,这些文化灵魂的栖居地贯穿为一体,形成珍贵的人文链,显现了城市的生动文脉。解码文化名人故居的人文奥秘,对提升青岛的人文品质和建设未来文化大有助益。

● 2000年全面修复开放的康有为故居纪念馆

● 2010年全面修复开放的老舍故居骆驼祥子博物馆

2003年，青岛市人民政府对20处文化名人故居进行挂牌保护，它们是：

康有为故居（福山支路5号）

老舍故居（黄县路12号）

闻一多故居（鱼山路5号中国海洋大学校内）

梁实秋故居（鱼山路33号）

杨振声故居（龙江路11号）

沈从文故居（福山路3号）

洪深故居（福山路1号）

宋春舫故居（福山支路6号）

王统照故居（观海二路49号）

萧红、萧军、舒群故居（观象一路1号）

王献唐故居（观海二路13号甲）

冯沅君、陆侃如故居（鱼山路36号）

童第周故居（鱼山路36号）

束星北故居（鱼山路36号）

朱树屏故居（金口二路13号）

赫崇本故居（鱼山路9号甲）

张玺故居（莱阳路28号甲）

毛汉礼故居（福山路36号）

华岗故居（福山路1号）

刘知侠故居（金口二路42号）

康有为故居
——天游园里的人文传奇

Kang Youwei's Former Residence
Cultural Legend in the Tianyou Garden

青岛之红瓦绿树、青山碧海，为中国第一……第一公园花木，集全球各种林木二十四万株。全岛皆红瓦新楼，无一黑瓦旧宅。登山而望，近海而游，楼隔华岩，道路净静，金碧照耀，掩映于绿树之梢，碧山之间，沧波之上。朝晖初上，林中爽气袭人。徘徊海滨浴场，巡行公园之路，波光云影，花气叶香，万绿青英，沁人肺腑。恐昔人之仙山楼阁示比不及，诗文不足以形容之。得广为传播，俾海外人士皆知青岛之为乐土而来游。

——康有为
《与方子节书》

康有为故居

（福山支路5号）

　　康有为（1858－1927），原名康祖诒，字广厦，号长素，戊戌后易号更生，晚年自号天游化人，世称南海先生，新儒学的宗师、戊戌变法领袖、资产阶级启蒙思想家与政治家，中国近现代文化的先驱。1923～1927年，康有为寓居青岛福山路6号（今福山支路5号），题名天游园。2000年，康有为故居得到全面修复，并被设为康有为故居纪念馆。

康有为生平史迹
The Life Story of Kang Youwei

　　康有为于1858年3月19日诞生于广东南海苏村，自幼饱读传统文化典籍，青年时期开始接触西方新学。他在广州、桂林、北京、香港、上海、杭州、青岛等地以及亚、欧、非、美诸大洲留下了救国探索的足迹。

　　作为"先进的中国人"（毛泽东语）的杰出代表，康有为代表了近代以来中国知识分子的光荣与梦想，也见证了中国文化的转型之路。身处中华民族生死存亡的关头，他毅然担负起历史使命和民族大义，引领时代潮流，推动维新大业。1898年6月11日，光绪帝采纳了康有为变法图强的建议，发布"明定国是"诏，戊戌变法正式揭幕，历时103天，史称"百日维新"。变法失败后，康有为出亡海外16年，游历四大洲30余国，行程60余万里，全面考察了所历各国的政治、经济与文化状况，比照世界大势思考中国命运，理出许多对今天依然有启示意义的真知灼见，成就了一部东西方文化对话的传奇。

　　康有为学贯中西，思想体系甚为博大。他参合西学以改造中学，著《新学伪经考》，一举颠覆了"古文经学"2000年之法统；再出《孔子改制考》，遵奉孔子"托古改制"的精神，为维新变法奠定了理论基础。在整合中西思想资源的基础上，他写出一部煌煌巨著《大同书》，为未来设计出一个没有阶级、没有压迫、没有国别的大同世界。这一学说既包含着儒家"天下为公"的理想和佛家"普度众生"的信念，亦充满了空想社会主义的色彩，其震撼力不亚于西方如傅立叶《新世界》等任何一部同主题著作。

015

● 1927年，康有为先生在青岛天游园

康有为与青岛的文化关系及其主要贡献
Kang Youwei's Cultural Relations with and Main Contribution to Qingdao

康有为怀有深厚的青岛情结，是与青岛结缘最深的一位文化名人，在青岛进行了一系列充满历史感的文化实践，对青岛的自然禀赋与人文气质作出了精彩的阐释。

1. 重启孔教会（万国道德会），试图建立儒学复兴基地。

1923年，康有为"在青、济两地成立孔教会，以后改为万国道德会"（康同壁《南海康有为先生年谱续编》）。其实早在1912年，他就授意弟子陈焕章在上海设下孔教会，以"昌明孔教，救济社会"为旨，托意复辟。1923年所为，实为一次历史重启。康有为有意延请孔子第七十七代嫡长孙孔德成出任

● 康有为故居所在的汇泉湾旧影

康有为故居
Kang Youwei's Former Residence

● 康有为故居卧室

● 康有为故居客厅

孔教会会长。1925年夏，他在青岛天游园写信给孔德成，言：

> 迩日圣诞，仆应趋祭，以事不暇。谨遣小儿同篯、同
> 凝恭代，诣阙里。

所言圣诞，指的是孔子诞辰（夏历八月廿七日）。作为近
现代新儒学的宗师，康有为尝试立儒学为国教，就此映射出了
传统文化的悲凉黄昏影像。

2. 尝试办大学，助益私立青岛大学，延续教育救国理想。

戊戌三理想是开议院、定国是、办大学。前两项早已付诸东流，唯大学之思尚在心际盘桓，希图再有所成就，以延承其教育救国的理想，重现万木草堂之光，为年轻的青岛做一件功勋卓著的事，也为中国文化再添一把薪火。

1923年，康有为看好了德国人所建造的俾斯麦兵营旧址（1914年日本占领青岛以后，改称"万年兵营"），试图在此开办一所大学。在家书及致友人书中，他表达了这样的愿望。下面是《与方子节书》的一段话：

> 吾拟开一大学于此，就近收得万年兵营为之。亦相距数百步耳。扶杖看云望海之暇，与天下之英才讲学，远胜沪上矣。

康有为谋划深远的一件事：为复兴儒学，他与同仁计划在孔子故乡曲阜创办大学，在青岛先开预科，遗憾未果。

1924年，私立青岛大学在俾斯麦兵营旧址成立，胶澳商埠督办高恩洪出任校长。这是青岛历史上国人独立创办的第一所大学，康有为为这所大学捐献了约合10万大洋的图书。

● 俾斯麦兵营，康有为拟开办大学的地方

康有为购藏特隆赫姆青花盘

3. 在天游园试办博物展览，非正式实践了其博物馆理想，首开青岛的博物馆文化视野。

康有为是中国近现代博物馆事业的先知先觉者，崇尚博物馆传承文明与开启民智的功用。海外流亡期间，他悉心搜罗各国宝物，准备回国开办博物馆。卜居青岛以后，他就真的举办了有文字说明的博物展览。一时间，观者穿梭，天游园俨然一个实验性的私人博物馆。可感欣慰者，2000年，康有为故居被辟设为博物馆。他晚年的书法作品在此保藏，海外流亡时期搜罗的各国风物在此汇集，透过取自欧洲的哥伦布石雕像，或可重温他与新大陆发现者的深沉对话，而知东方与西方实为一方。

康有为购自欧洲的哥伦布石雕像

4. 对青岛的城市特质与地域精神予以深刻发现和理解，阐发天游之思与仙境感怀。

在青岛，康有为写就大量诗篇，在为城市探求一颗自然心印的同时注入人文精魂，将仙境感思引向了苍阔与浩远。让我们回眸这首难得一见的清丽之作：

> 海水冥濛望石矶，怒涛高拍入云飞。
>
> 飞帆渺渺和云水，岛屿青青日落时。

这首诗题为《青岛会泉石矶望海观潮，高至数丈，异观也》。从壮阔到静穆，显示了某种"到达"的快感。

下面是《五月十四日游青岛，月夜驱车绕岛一周，口占二首（其一）》，诗曰：

> 岛屿幽深是会泉，海山楼阁似群仙。
>
> 月明穿过樱花路，尚想花开感往年。

康有为在花事中连通了人间记忆。正是在海楼列仙、花开见月的情景中，他体证了青岛蕴自然与人文于一炉的魔力。由于他的见证，"仙境"成为青岛所特有的一个城市心象。当他说到青岛的时候，也就意味着想起了仙境。在今崂山太清宫后，完好地保留着康有为的摩崖诗刻。它专写海国事物，对青岛及崂山进行了一次有深度的文化史确证。长诗以"天上碧芙蓉，谁掷东海滨"起笔，展开一番宏大的人文地理追溯，视此地为绝代海国而探幽索隐，于天地寥廓中拓出一重海文化境界，结笔于"何处非天际，暂复留人间"。就此，天游成为人文探索的一种方式。

5. 人书俱老，创作颇丰，臻于康体书法巅峰。

持经达变，纯以神行，康有为造就了20世纪中国书法史上一个奇峰。在青岛期间，他的书法创作取得了丰硕成果，有《甲子六月领得青岛德国旧提督楼》《乙丑夏五十二日重还青岛喜赋》《游明霞洞口占》《海山华严》《天上碧芙蓉》等作

康有为 《甲子六月领得青岛德国旧提督楼》诗轴

品，代表了其晚年书法艺术的成就。他的字是难以摹拟的，如太白之诗一样不可学，入乎其内不易，而出乎其外更难。不是难在书法本身，而是在于一种独特的气质与禀赋，在于写字一瞬间所产生的思想、命运和记忆的隐秘回旋。在青岛，他的一大乐趣就是写字，尤其是手握如椽巨笔悬肘挥写擘窠大字的情景令人动容。黎明时分，与海上曙光相接，内心注入天地真气，悲怀与颓躯短暂获得赦免，心境变得旷达，仿佛在宇宙与

艺术灵光中解脱了。可转瞬，即复归一种无法舍弃的沉重，不仅是个人的命运，而且是中国文化的命运。他知道自己将承载多少几乎难以承载的历史毁誉，赞歌与咒骂将一直伴随着这个名字——康有为。他一度是中国知识分子探索真理的代表，但晚年与时代脱节了，为世人所诟病，唯有高山大海可以永相抚慰。青岛接纳并安慰了一位思想者，高山大海凝聚了一位悲喜不辨其身的人文行者的心魄。

康有为故居的基本面貌
The Basic Features
of Kang Youwei's Former Residence

康有为故居坐落于小鱼山东南麓，南望汇泉湾。

此楼始建于1899年，是青岛最早出现的德式建筑之一，原为德国总督副官弗莱海尔·利利恩可龙的宅第。1923年夏，在陈干将军的帮助与协调下，康有为谋得了位于当时福山路6号（今福山支路5号）的这座小楼，开始寓居青岛，内心甚感适意。在《与方子节书》中，他写道：

……屋虽卑小，而园甚大。望海绿波，仅距百步。

在康有为心目中，这就是一座山海仙居，一处人间良园。1924年，他出资1000大洋从胶澳商埠（1922年青岛回归中国以后，设置为直属北洋政府管辖的胶澳商埠）督办官署手中买下了这所花园别墅，题名为"天游园"。1927年3月31日凌晨，康有为在此过世。

主楼为砖木结构建筑，带有欧洲田园别墅风格，是青岛历史上兴建最早并保存至今的为数不多的德国建筑之一，其纵深敞廊也透示出早期殖民地建筑的特征。建筑坐北朝南，中轴对称，红瓦坡顶，黄色水刷墙结合红砖清水墙，局部以花岗石包镶，门窗多为券式，建筑面积约1219平方米。主入口朝南，另在东西两侧设有边门。另外，今福山支路8号楼当年亦为康有为"天游园"的一部分，原为总督临时官邸马厩，1924年与主楼一起由康有为购入名下。

1987年，福山支路5号康有为故居局部开放。2000年，康有为故居被全面修复，并被设为康有为故居纪念馆，百年名园得以重光。这是青岛市第一家文化名人纪念馆，也是全国仅有康有为博物馆之一，凝结着青岛历史文化名城的深沉底蕴，蕴含着近代以来中国与世界对话的丰富内涵。

康有为故居保存完好，现为山东省文物保护单位。

● 康有为故居最初的建筑影像（1899年）

● 康有为故居新貌（2013年）

老舍故居
——一个黄金时代的伟大见证

Lao She's Former Residence

The Great Witness of a Golden Age

北中国的景物是由大漠的风
与黄河的水得到色彩与情调：
荒、燥、寒、旷、灰黄。在这以
尘沙为雾，以风暴为潮的北国
里，青岛是颗绿珠，好似偶然的
放在那黄色地图的边儿上。

—— 老舍《青岛与山大》

老舍故居

（黄县路12号）

　　老舍（1899－1966），原名舒庆春，字舍予，老舍为其笔名，满族，北京人，现代著名作家，人民艺术家。1934年来青岛，任教于国立山东大学。1936年，在黄县路寓所完成了长篇小说《骆驼祥子》，为中国现代文学史贡献了一座里程碑。图为1936年的老舍，载山东大学《二五年刊》。

老舍生平史迹
The Life Story of Lao She

　　老舍1899年2月3日出生于北京西护国寺附近的小羊圈胡同（今小杨家胡同）。1913年，进入北京师范学校学习。1918年毕业后，任北京方家胡同小学校长，后任劝学员。1922年秋，到天津南开学校教书。1923年2月，回到北京。

　　1924年，老舍赴英国，在伦敦大学东方学院教授汉语，创作了长篇小说《老张的哲学》《赵子曰》和《二马》。1929年6月底离开英国，游历法、德、意诸国。1929年10月，抵达新加坡，在华侨中学任教数月，写出中篇童话《小坡的生日》。

029

● 1925年老舍在伦敦寓所

● 1930年6月，老舍与诸友相会于中南海

（从左到右依次为王向辰、老舍、杨云竹、白涤洲、祁伯文、何容）

1930年2月，回到阔别多年的祖国。

1930年秋至1934年夏，老舍在济南任教于齐鲁大学，著有《大明湖》《离婚》《牛天赐传》《微神》等作品。

1934年秋，老舍来青岛任教于国立山东大学，迎来了人生与文学创作的黄金时代。1936年夏辞去教职后成为"职业写家"，创作的长篇小说《骆驼祥子》为现代文学史上的杰作。另有《月牙儿》《断魂枪》《我这一辈子》等作品。

1937年8月，由于战事迫近，老舍被迫离开青岛去济南，当年11月抵武汉，翌年任中华全国文艺界抗敌协会（文协）负责人。1938年8月到重庆，1942年开始创作长篇小说《四世同堂》。

1946年，老舍应邀赴美访问讲学，一年后续写《四世同堂》。1949年10月，老舍启程返国，经香港回到北京。

新中国成立后，老舍担任中国文联和作协领导职务，为推动新中国文学艺术的发展和中外文化交流做出了重要贡献。1951年创作话剧《龙须沟》，被人民政府授予"人民艺术家"称号；1956年创作《茶馆》，将中国现代话剧艺术推向了新的高峰。1961年岁末动笔写自传体小说《正红旗下》，未完成。

1966年8月24日，老舍含冤自沉于太平湖，享年67岁。

● 1936年，老舍在青岛

老舍与青岛的文化关系及其主要贡献
Lao She's Cultural Relations with and Main Contribution to Qingdao

　　老舍是20世纪30年代寓居青岛的学者、作家群的代表人物，在青岛度过了其生活与文学创作的黄金时代，取得了文学创作上的重大成就。其主要文化史贡献可归结为以下几点。

　　1. 在国立山东大学文学院任教，代表了当时大学的人文气度和精神风范。

　　老舍是1934～1936年国立山东大学文学院诸教师中最具代表性和知名度的一位。他于1934～1935学年，开设了《文艺批评》《欧洲文学概论》《小说作法》和《高级作文》等课程。1935～1936学年开设《文艺思潮》《欧洲文学概论》《高级作

● 国立山东大学部分师生合影(历史照片)

《骆驼祥子》手稿

国立山东大学校门

033

文》《世界文学史》和《欧洲通史》等课程，深受学生欢迎。与此同时，老舍与赵少侯、洪深、台静农、叶石荪、王统照、邓仲纯等的交往勾画出了当时青岛人文生活至为感人的精神气象。另外，在青岛市立女中、青年会、狮子会等处，老舍多次发表演讲，致力于推进文学与社会的融通。

2. 文学创作卓有成效，长篇小说《骆驼祥子》成为中国现代文学史上的里程碑。

1936年7月，老舍辞去国立山东大学的教职，成为"职业写家"，开始创作长篇小说《骆驼祥子》，为现代文学史贡献了一部划时代巨著。在青岛，他还写出《樱海集》《蛤藻集》《文博士》《小人物自述》《老牛破车》及《我这一辈子》等大量作品。除话剧之外，在这里几乎可以找到他的所有体裁的代表作。三度春秋，足以标举一生的荣光。

3. 与同仁共创《避暑录话》，见证了当时青岛的文化生态。

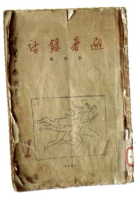

1935年7月，老舍、洪深、王统照、王余杞、王亚平、杜宇、赵少侯、李同愈、吴伯箫、孟超、臧克家及刘西蒙12位同仁共创文学副刊《避暑录话》，共出10期，后辑成合订本全国发行。它凝结着城市和文学的共同记忆，是当时青岛文化生态的珍贵见证，极具文学与文献价值。

⚫ 《避暑录话》合订本

4. 对青岛的城市风貌、城市生活方式和山大精神具有深刻体征，留下了丰富的记载。

老舍以细腻的笔触描写了青岛的山海、花事与街巷，充满哲思与审美之韵，对地域精神有着一番特殊见证力。在《五月的青岛》《等暑》《立秋后》《听来的故事》《青岛与山大》《丁》等作品中，通过风景的描写，表述了诗性心灵的闪光，岛居生活的意义首先在于对居住地所特有的地域精神的发现与阐释，进而实现了自然与历史的相互印证。

5. 1937年"七七事变"发生后，深刻体察特殊时期城市的历史征候，留下一部城市心灵史。

1937年7～8月间，老舍深刻地记录了城市面对历史危难的生存状态，突破审美，回归现实，表述着受难与抵抗的意志。其《南来以前》《这一年的笔》《致陶亢德（二）》等文章，完全可当作一部历史文献来读，构成了一部特殊时期的城市心史，有着国事与家事深刻结合的非凡力度。这是1937年8月4日的青岛："此地大风，海水激卷，马路成河。乘帆船逃难者，多沉溺。"城市的哀伤具有了《启示录》般的深度。

老舍故居的基本面貌
The Basic Features
of Lao She's Former Residence

　　老舍故居位于黄县路12号，始建于20世纪30年代初。这是一幢砖木结构两层住宅，有阁楼和红瓦坡顶，建筑面积320平方米。建筑造型简约，中轴对称，上下两层在朝阳的一面各有三间房，东西两端各设有一个圆拱门作为入口。当时老舍一家住一层，南侧东头一大间是客厅，另两间是卧室，东北部背阴的一间是书房。院门朝东，门内南侧有一株硕大的银杏树。

　　2010年的5月，老舍故居修复工程告竣，设为"骆驼祥子博物馆"。这是我国第一座以现代文学名著为主题的专业博物馆，文学荣光的弥漫使得朴素的屋宇显得庄严，在青岛与文学史宏阔的世界之间建立了一种深沉而博大的精神共鸣。庭院中设有老舍纪念铜像和骆驼祥子塑像。

035

老舍故居（骆驼祥子博物馆）

闻一多故居
——可以缅想的奇迹与不可忘怀的永恒

Wen Yiduo's Former Residence

Unforgetable Miracle and Enternity

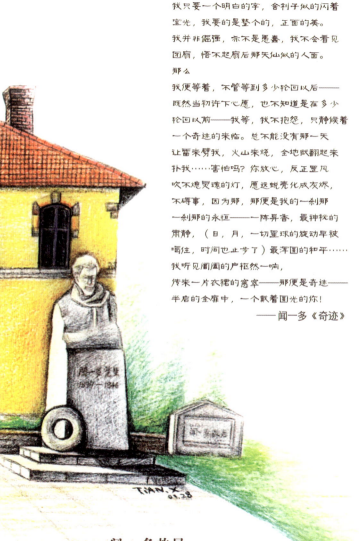

我只要一个明白的字，舍利子似的闪着
宝光，我要的是整个的，正面的美。
我并非倔强，亦不是愚蠢，我不会看见
团扇，悟不起扇后那天仙似的人面。
那么
我便等着，不管等到多少轮回以后——
既然当初许下心愿，也不知道是在多少
轮回以前——我等，我不抱怨，只静候着
一个奇迹的来临。总不能没有那一天
让雷来劈我，火山来烧，全地狱翻起来
扑我……害怕吗？你放心，反正罡风
吹不熄灵魂的灯，愿这蜕壳化成灰烬，
不碍事，因为那，那便是我的一刹那
一刹那的永恒——一阵异香，最神秘的
肃静，（日，月，一切星球的旋动早被
喝住，时间也止步了）最浑圆的和平……
我听见阊阖的户枢然一响，
传来一片衣裙的窸窣——那便是奇迹——
半启的金扉中，一个戴着圆光的你！

　　　　　　　　　——闻一多《奇迹》

闻一多故居
（鱼山路5号中国海洋大学校园内）

　　闻一多（1899－1946），原名闻家骅，湖北浠水人，现代著名学者、诗人和民主战士。1930年9月，任国立青岛大学文学院院长兼中文系主任。在青岛写出了诗歌压轴之作《奇迹》，开启了古典诗学研究之门。1932年夏，离青去北京。

闻一多生平史迹
The Life Story of Wen Yiduo

　　1899年11月24日，闻一多诞生于湖北省浠水县下巴河镇一个书香门第。1912年秋，考入北京清华学校。1919年起开始新诗创作。1922年赴美留学，入读芝加哥美术学院和科罗拉多大学美术系。1923年，首部诗集《红烛》出版，把反帝爱国的主题和唯美主义的形式结合在一起。1925年5月，闻一多离美返

国。时值"五卅"运动，引燃爱国激情，创作了《我是中国人》《洗衣歌》《发现》《七子之歌》等诗篇。他任北京艺术专科学校教务长时，首创戏剧系，开中国戏剧教育之先河。1926年他与徐志摩创办《晨报·诗镌》，发表论文《诗的格律》。后赴上海吴淞国立政治大学、武汉国民革命军总政治部、南京中央大学任职。1928年9月，任国立武汉大学文学院院长兼中文系主任，致力于古典文

● 闻立鹏（闻一多之子）油画《红烛颂》

学研究，参与创办《新月》，出版诗集《死水》。

　　1930年秋，应校长杨振声之聘，闻一多来到青岛，出任新成立的国立青岛大学文学院院长兼中文系主任，筚路蓝缕，共创青岛大学的历史辉煌。其间，写出新诗《奇迹》，随后息影文坛，完成了从诗人向学者的转变，沉潜于古典诗学研究。

　　1932年夏，离开青岛回到母校清华大学，担任中文系教授，有《岑嘉州系年考证》《匡斋说诗》《天问释天》《诗新台鸿字说》《离骚解诂》等专著。

　　1937年7月，抗日战争全面爆发后，闻一多随校迁往昆明，任西南联合大学教授，学术领域扩展至古代神话和《易经》。

　　从1944年到1946年，闻一多以慷慨激昂之民主战士的形象出现在历史舞台上。1946年7月15日，在悼念李公朴大会上发表了《最后一次讲演》，悲愤声讨时政黑暗，为民主呐喊。当天傍晚，被国民的特务暗杀于西仓坡宿舍外，年仅47岁。

闻一多与青岛的文化关系及其主要贡献
Wen Yiduo's Cultural Relations with and Main Contribution to Qingdao

在青岛，闻一多实现了从诗人到学者的转变，为国立青岛大学迅速臻于某种学术巅峰发挥了关键作用，成为一代人文巨擘。其主要文化史贡献可归结为以下几点。

1. 在国立青岛大学初创时期主持文学院，为大学学术体系的建设与整体发展做出重要贡献。

1930年夏，闻一多接受了创校校长杨振声之聘出任国立青岛大学文学院院长兼中文系主任，两年间，与梁实秋、游国恩、方令孺、张道藩等共襄盛举，在教学和学术上卓有建树。

● 国立青岛大学文学院

2. 慧眼识珠，提携后学，培养文学与学术新人。

闻一多极善于发现人才，提携后学，破格录取臧克家入读，显示了"不拘一格降人才"的胆识。陈梦家和臧克家号称闻一多诗门下的"二家"。1932年，陈梦家追随恩师闻一多来到国立青岛大学，怀着圣徒般的虔诚投入到诗歌创作中，从迷惘走向坚定，写出《在蕴藻滨的战场上》《一个兵的墓铭》《哀息》《海》等作品，为新月派带来崭新的语言特点，同时开启了古文字学和考古学研究生涯，渐成大家。臧克家则是在国立青岛大学由闻一多一手培养起来的新人，其诗集《烙印》与《罪恶的黑手》是深受闻一多影响的产物。

3. 全面开创诗经与唐诗研究，登上古典诗学巅峰，为城市记忆赋予了崇高的学术视野。

沉潜于古典诗学研究，这是在青岛的闻一多之基本形象。他重视研究杜甫，进而开始了对唐诗的整体研究，为多位唐代诗人立传，全面铺开了唐诗研究工作，著成《说杜丛抄》《全唐诗人小传》《唐风楼捃录》《全唐诗辨证》和《唐诗要略》等专著，编定《唐文学年表》，校勘《全唐诗》，选编《唐诗大系》。同时，他在《诗经》研究领域亦卓有成果，写出了《诗经新义》《诗经通义》《风诗类钞》等专著。另外，对楚辞的研究也开始起步。

4. 写出压卷之作《奇迹》，为新月派奉上"诗中的诗"，标志着其新诗创作的新成就。

在青岛期间，闻一多是以学者而非诗人形象出现的。然而，出人意料的是，他竟拿出了一部长诗《奇迹》，复现了诗人形象。这是他在青岛期间的唯一诗歌作品，为其全部诗歌创作提供了一部压轴之作。另外，闻一多还写有散文《青岛》，文辞优美，见证了青岛地域精神。

闻一多故居的基本面貌
The Basic Features
of Wen Yiduo's Former Residence

闻一多故居原为德国人所建俾斯麦兵营建筑群中的一部分，始建于1903年。由总督府建筑管理局设计，工程师马尔克斯（Lothor Marcks）监理，F.H.施密特公司施工。

建筑以新罗马为基调，在石基、红瓦、黄墙的结合中传达出古典韵律。砖石结构，地上二层，有地下室和阁楼，建筑面积约607平方米。主入口设于东北角，门窗由花岗岩蘑菇石发券。建筑出檐较深，开窗较小，传达出局部的南欧风尚。

1984年，楼前立起闻一多纪念雕像，碑文由其弟子臧克家撰写。闻一多故居保存基本完好，现为青岛市文物保护单位和山东省历史优秀建筑。

043

● 闻一多故居（一多楼）

梁实秋故居
——开启莎剧传译的东方之门

Liang Shiqiu's Former Residence

The Gate to Chinese Translation of Shakespeare's Works

……于是呼朋聚饮，三日一小饮，五日一大宴，豁拳行令，三十斤花雕一坛，一夕而罄。七名酒徒加上一位女史，正好八仙之数，乃自命为酒中八仙。有时且结伙远征，近则济南，远则南京、北京，不自谦抑，狂言"酒压胶济一带，拳打南北二京"，高自期许，俨然豪气干云的样子。

——梁实秋《饮酒》

梁实秋故居
（鱼山路33号）

梁实秋（1902－1987），原名梁治华，字实秋，祖籍浙江余杭，出生于北京，现代著名作家、学者、翻译家。1930～1934年任国立青岛（山东）大学外文系主任兼图书馆馆长。在青岛开始翻译《莎士比亚全集》，开启莎学的东方传译之门。

梁实秋生平史迹
The Life Story of Liang Shiqiu

1903年1月6日，梁实秋诞生于北京内务部街20号。1915年秋，以第一名的成绩考入清华学校。1923年8月，自清华学校毕业后赴美留学，先后在科罗拉多州立大学、哈佛大学和哥伦比亚大学就读。1926年回国，在南京东南大学执教。1927年回到上海，编辑《时事新报》副刊《青光》，同时与张禹九合编《苦茶》杂志，与胡适、徐志摩、闻一多等人创办新月书店。后在上海暨南大学、复旦大学任教授。1930年9月，任国立青岛大学（1932年更名国立山东大学）外文系主任兼图书馆馆长。1932年，兼任天津《益世报》副刊《文学周刊》主编。1934年，任北京大学研究教授兼外文系主任，主编《自由评论》周刊，并曾主编过《世界日报》副刊《学文》和《北京晨报》副刊《文艺》。抗战爆发后，在重庆《中央日报》编辑副刊《平明》，曾任国民参政会参政员、国民政府教育部小学教科书组主任、国立编译馆翻译委员会主任委员等职。1945年8月抗战胜利后，梁实秋回到北京，任北平师范大学教授。

1948年冬，梁实秋决定移居台湾。几经周折，辗转到香港，暂居半载。1949年6月，梁实秋偕妻子程季淑和小女儿梁文蔷搭乘"华联轮"抵达台湾，受邀担任在台北复设的"国立编译馆"人文组主任一职并代理馆长。曾担任台湾省立师范学院（后改师范大学）英语系教授、系主任、文学院长以及大同大学董事等职。1966年退休。1972年旅居美国，两年后又返回台湾。1987年11月3日，病逝于台北，享年85岁。

梁实秋与青岛的文化关系及其主要贡献
Liang Shiqiu's Cultural Relations with and Main Contribution to Qingdao

　　梁实秋是20世纪30年代寓居青岛学者、作家群中的代表人物之一，跨青大与山大两个时期，为大学迅速臻于某种学术巅峰发挥了关键作用，并开启了《莎士比亚全集》的翻译工作，对青岛的城市气质与生活方式作出了意味深长的见证。

　　1. 在国立青岛大学文学院和图书馆任职，教学与学术并举，为大学的初创与发展做出重要贡献。

　　梁实秋主持的图书馆独树一帜，富藏中外文学与学术图书期刊。他开设了《欧洲文学史》《莎士比亚》等课程，很受欢迎，还编辑出版了文学评论集《偏见集》和《文艺评论》。

● 国立青岛大学图书馆

○ 梁实秋与夫人程季淑

2. 典型地体现了当时大学教授的生存之道，对青岛诸友人的生活风范与精神气质多有追述，留下丰富有趣的人文记忆。

梁实秋夫妇特别好客，在青岛工作生活期间，其寓所常见高朋满座之状。作为当时国立青岛大学教授们业余生活的召集人，他乐于组织大家聚会饮酒，经常参加者有杨振声、闻一多、赵太侔、邓仲纯和女诗人方令孺等，形成一个著名的文人饮者圈子，号称"酒中八仙"，在北京路上的顺兴楼常可现其音容笑貌。他深情追述了这段广为人知的旧话，演绎出一段文人意气风发的旖旎往事。

3. 延续与鲁迅的论战，使青岛演变成为新月派的堡垒，客观上提升了青岛在全国的学术关注度和知名度。

梁实秋与鲁迅的论战是现代文学批评史上的经典事件，始自1927年。来青岛后，论战延续。他与闻一多及其助手陈梦家、沈从文、女诗人方令孺、孙大雨等同为新月派代表人物，使青岛一时成为新月派桥头堡，处于各种文学与历史目光的交汇点上。也正因此，鲁迅戏言青岛是"梁实秋教授传道的圣境"。可知那时，新月派青岛已成为一个文化符号，长日将近之际，新月派的余辉撒在海平面上。这场声动八方的论战在客观上提升了外界对青岛的学术关注度。

4. 重启莎学的东方传译之门，为东西方文化交流作出重大贡献。

1930年，时任中华教育文化基金董事长的胡适决定组织专家翻译《莎士比亚全集》，编列了5万元经费，预计5年完成。为此，他专程来青岛，与梁实秋等人合谋此事，原计划请梁实秋与徐志摩、叶公超、闻一多及陈源共同翻译。然世事难料，随着徐志摩遇难，其他人也各奔东西，唯梁实秋独自承担此事。这项宏大的跨文化翻译工程始自青岛，历时38年方告完成，1967年梁译《莎士比亚全集》问世。

5. 深契青岛的地域精神和仁厚风俗，对青岛的人文气质与社会风貌有着精妙体征，从比较视野中论证了青岛的城市魅力所在。

梁实秋与青岛有一种与生俱来的性情吻合，淡远而优雅，倾向于自然与人文相生的唯美格调。他视青岛为"君子国"，谓此"春有百花秋有月，夏有凉风冬有雪"的地方是天下少有的宜居之所。青岛的四年是其一生最幸福的岁月，在《忆青岛》一文中说："我虽然足迹不广，但北自辽东，南至百粤，也走过了十几省，窃以为真正令人流连不忍去的地方应推青岛。"结语是："我在青岛居住四年，往事如烟。如今隔了半个世纪，人事全非，山川各异。悬想可以久居之地，乃成为飘渺之乡！噫！" 1981年，他让小女儿梁文蔷专程来青岛寻访旧迹，特意取回了一瓶汇泉湾海沙，以慰思念。

梁实秋故居的基本面貌
The Basic Features
of Liang Shiqiu's Former Residence

梁实秋故居建于1928年，为欧式民居，造型简洁。建筑占地面积546.69平方米，建筑面积约447平方米。砖石结构，地上两层，有地下室，花岗石砌基，灰色水刷墙，红瓦四面坡顶。主入口朝南，其上为二层的挑台。门窗均为方形，室内铺装木地板，无雕饰。

梁实秋故居保存一般，现为青岛市文物保护单位和山东省历史优秀建筑。

● 梁实秋故居

杨 振 声 故 居

——一代大学校长的历史荣光

Yang Zhensheng's Former Residence

The Glory of the President of the University

杨振声故居（龙江路二号）

理学院中如海边生物学，中国大学中有研究此学之方便者，惟厦门大学与青岛大学。厦门海边生物种类虽繁盛，然因天气过热，去厦门研究者多苦之，又易发生疟疾。青岛附近海边生物之种类，繁盛不亚于厦门，而天气凉热适中，研究上独较厦门为便。若能利用此便，创设海边生物学，不但中国研究海边生物，皆须于此求之，即外国学者，欲知中国海边生物学之情形，亦须于青大求之。如此，青大则将为海边生物学研究之中心矣。

——杨振声

  杨振声（1890－1956），字金甫，亦作今甫，山东蓬莱人。现代著名作家和教育家。1930年国立青岛大学成立，杨振声经蔡元培先生举荐，任国立青岛大学校长。

杨振声生平史迹
The Life Story of Yang Zhensheng

1890年11月24日，杨振声出生于山东蓬莱水城镇。1915年秋，进入北京大学中文系读书，开始接触到新思想，深受《新青年》的触动。当时，蔡元培为北大校长，风气一新。1918年，杨振声与傅斯年、罗家伦等人发起成立"新潮社"，出版《新潮》刊物，发表了多篇反映民间疾苦的小说。

1919年5月4日，"五四运动"爆发，他被推举为"学生联合会"的4名代表之一，因火烧赵家楼而被捕入狱，一周后获释。从此，他作为新文化运动的干将，积极投身于爱国运动和反帝反封建斗争之中。

● 五四运动

● 杨振声手迹

1919年底，他和冯友兰、何思源等人一起考取了官费留学资格，远赴美国留学，先后在哥伦比亚大学和哈佛大学攻读教育学和教育心理学。

1924年回国后，杨振声到武昌大学任教，创作中篇小说《玉君》，是为其代表作。后来，先后任教于北京大学、燕京大学和中山大学，1928年出任清华大学教务长兼文学院院长。

1930年5月，南京国民政府教育部任命杨振声为国立青岛大学校长，他广纳贤才，精诚治校，为青岛大学和青岛城市文化积淀做出了卓越贡献。1932年夏，杨振声因为学潮和办学经费拮据而辞职，回到了北平。1933年，与朱自清、沈从文共同主编《高小实验国语教科书》和《中学国文教科书》。

1937年抗日战争全面爆发后，杨振声赴南京国民政府教育部任职。1938年，任西南联合大学秘书长。1945年，到美国讲学，归国后主编《世界文艺季刊》。1946年，负责北京大学北迁复校工作，在校任教。

新中国成立后，任北京大学教授、北京市文联创作部部长。1952年，任东北人民大学教授兼中国文学史教研室主任。

1956年3月7日，杨振声病逝于北京，享年66岁。

杨振声与青岛的文化关系及其主要贡献
Yang Zhensheng's Cultural Relations with and Main Contribution to Qingdao

　　杨振声为20世纪中国高等教育史上的一位代表性人物，为国立青岛大学的创建与青岛文化高峰的形成做出了重大贡献。

　　1. 作为国立青岛大学创校校长，博采众长，独树一帜，实施先进的教育思想和办学理念，开创了当时大学的黄金时代。

　　1929年春，南京国民政府教育部决定将国立山东大学移址青岛筹办，由蔡元培、何思源、赵畸、傅斯年、杨振声、袁家普等9人组成国立青岛大学筹委会，何思源为主任。经蔡元培举荐，杨振声被任命为国立青岛大学校长。国立青岛大学于当年9月21日正式开学。尊奉蔡元培在任北大实行的"思想自由，兼容并包"的方针，杨振声打破门户之见，广纳八方名

⬤ 国立青岛大学校门

师，构建学术高地，确保大学拥有一个坚固基础和理想高度。缘此，新生的国立青岛大学在短时间内就呈现出辉煌局面，迎来了黄金时代。

2. 认为青岛具有开展海洋科学研究的得天独厚的条件，做出了有预见力和前瞻性的判断。

建校之初，杨振声认为国立青岛大学应率先在中国开设海洋学、海边生物学和气象学等新学科。1931年，他请来法国里昂大学理学博士、瑞士暖艾登大学寄生生物研究院访问学者曾省主持生物系，致力于海洋生物研究。虽他在任上未能实现独立创办海洋系科的目标，然对未来已然有所昭示。

3. 作为当时寓居青岛的学者、作家圈的核心人物，其人格魅力广受赞誉，带动形成了一种极富底蕴和活力的精神气候。

杨振声与众教授相当投契，对学生亦关怀备至，有仁厚之风，善成人之美。梁实秋的说法是："今甫身材修长，仪表甚伟，友辈常比之于他所最激赏的名伶武生杨小楼。而其谈吐则又温文尔雅，不似山东大汉……今甫待人接物的风度有令人无可抵拒的力量。"（《忆杨今甫》）在关于那个时代青岛的回忆中，杨振声是一个基本主题，缘此而积聚了丰富的人文记忆。

4. 在大学精神的凝聚与放射中深刻影响了一个时代的城市文化气氛，缘此而奠定了20世纪30年代青岛文化高峰的基础。

20世纪30年代，年轻的青岛发展成为山东的文化中心和北方中国三大文化中心之一，出现了一个令人瞩目的文化高峰。这一新局面的取得，是多种力量作用的结果，而一所具有影响力的大学的存在至关重要。缘此，我们看到了杨振声的价值所在，他所向往的大学理想得以延续，对青岛文化所产生的影响无法估量。大学内外，他留下的精神遗产意味深长。

杨振声故居的基本面貌
The Basic Features
of Yang Zhensheng's Former Residence

　　杨振声故居位于龙江路11号，建于1930年，由邹仁仪设计，原业主为江苏人张却。1930～1932年，杨振声居此楼二层。

　　该楼为欧式住宅，砖木结构，地上两层，有阁楼，建筑面积约452平方米。花岗石砌基，灰色水刷墙面，红瓦四面坡屋顶，上开老虎窗。门窗均为平拱，装饰简单。建筑取为轴对称布局，比例匀称，南立面东西两端均适度外凸，形成堡楼状，带来了构图变化。东西两面各开设有一个入口，均由两根花岗岩石柱支撑起门楼，并形成二层的露台。

● 杨振声故居

沈从文故居
——从大海到边城的精神之旅

Shen Congwen's Former Residence

The Spiritual Journey From the Sea to the Border Town

世界上有万千关于描写刻画海上种种壮丽景色传名千载的诗文、绘画和乐章，都各以个人一时所遇所感来加以表现，加以反映，各自得到不同的成就。我看了三年海，印象总括说来实简单之至，海同样是绿而静。但是它对于我一生的影响，好像十分抽象却又极其现实，即或不能说是根本思想，至少是长远感情……我一生读书消化力最强、工作最勤奋、想象力最丰富、创造力最旺盛，也即是在青岛海边这三年。

——沈从文《青岛游记》

沈从文故居
（福山路3号）

　　沈从文（1902－1988），原名沈岳焕，字崇文，湖南凤凰人，现代著名作家、学者和文物学家。1931～1933年，在国立青岛大学（1932年改名国立山东大学）文学院中文系任教。图为沈从文在福山路3号寓所楼台上留影。

沈从文生平史迹
The Life Story of Shen Congwen

1902年12月28日，沈从文出生于湘西凤凰县，其家族混合了苗、汉和土家族血统。

1922年，沈从文到北京，翌年到北京大学旁听并开始文学创作。1926年底，南下上海。1928年，与胡也频、丁玲创办《人间》和《红黑》杂志，参加新月社。1929年，经徐志摩推荐，被胡适聘到上海公学任教，认识了张兆和。1930～1931年，在武汉大学任教。

1931年夏，沈从文自上海来到青岛，任教于国立青岛大学文学院，主讲小说史和散文写作。在青岛的两年是沈从文文学创作最旺盛的时期，很多重要作品都是在青岛完成或构思的，还出版了《从文自传》《月下小景》等八部作品。

1933年8月，沈从文去北京。1934年出版中篇小说《边城》，是为其代表作，奠定了他在中国现代文学史上的地位。

1937年，抗日战争全面爆发后，沈从文南下长沙。翌年抵达昆明，任教于西南联合大学，讲授现代文学与写作课程。

抗战胜利后，沈从文1946年随校回到北京，任北京大学教授。

新中国成立后，沈从文到中国历史博物馆工作，开始了文物研究时代，陆续有《唐宋铜镜》《战国漆器》《中国丝绸图案》《龙凤艺术》等专著问世。1964年春，完成了《中国古代服饰研究》初稿的撰写。1978年10月，至中国科学院历史研究所工作，对《中国古代服饰研究》一书进行了最后的校正增补工作。

1988年5月10日，沈从文病逝于北京寓所，享年86岁。

063

沈从文与青岛的文化关系及其主要贡献
Shen Congwen's Cultural Relations with and Main Contribution to Qingdao

沈从文是20世纪30年代寓居青岛学者、作家群中的代表人物之一，展现了当时年轻作家的精神风范和创作成就。

1. 在国立青岛大学文学院任教，助益其文学积累，加强了新月派在青岛的文化厚度与历史影响力。

沈从文是1931年抵达青岛的，在国立青岛大学文学院做了讲师。以沈从文为代表的年轻学者、作家的加盟，为大学注入新鲜血液。作为新月派的重要成员，他的到来对于使青岛进一步成为新月派重镇这一文学史地位发挥了关键作用。

2. 见证了大自然对作家心境的影响力，获得了走出精神危机的路径。

在构建文学精神和稳定心理世界方面，青岛对于沈从文来说意义非凡。他完成了自我救赎与自我超越。起初他精神孤独，好友胡也频和徐志摩的死让他一度坠入痛苦深渊，日日独坐海岸，沉思着"生存还是死亡"的问题。如《水云——我怎么创作故事，故事怎么创造我》所言：

> 我坐的地方八尺以外，便是一道陡峻的悬崖，向下直插入深海中。若想自杀，只要稍稍用力向前一跃，就可坠崖而下，掉进海水里喂鱼吃……我一面让和暖阳光烘炙肩背手足，取得生命所需要的热和力，一面却用面前这片大海教育我，淘深我的生命。时间长，次数多，天与树与海的形色气味，便静静的溶解到了我绝对单独的灵魂里。

我虽寂寞却并不悲伤。因为从默会退想中，感觉到生命智慧和力量。心脏跳跃节奏中，即俨然有形式完美韵律清新的诗歌，和调子柔软而充满青春纪念的音乐。

幸有自然之赐，纯净的山海灵光有救赎和洗礼的作用，引导他走出了精神危机，生活与创作都进入了一个理想时期。

3. 在青岛收获了爱情，还接待了巴金和卞之琳，其寓所成为当时多位作家在青岛的憩园，延伸了文化名人的历史记忆。

沈从文收获了爱情，与苏州姑娘张兆和走到一起，那句"乡下人，喝杯甜酒吧"成为流传一时的爱情口禅。这是青岛记忆中的一段欢乐颂。沈从文的寓所"窄而霉斋"同样洋溢着文坛友情，1932年卞之琳和巴金先后来青岛，均下榻于此。巴金在此写出小说《爱》并为《砂丁》作序。这是20世纪30年代文学记忆的一部分。

沈从文小说《八骏图》原发表页

特约中篇

八骏图

沈从文

「先生第一次来青岛看海」

「先生要到海边去玩些草坪并走去穿过那片树林子就是海」

先生悲想远远的看海……

4. 文学创作成果丰硕，渗透着独特的青岛记忆和山海意味并触及内心最深厚的地域情怀，缘此而臻于某种理想之境。

在青岛，沈从文度过了"一生中工作精力最旺盛、文字也比较成熟的时候"，写出了几十篇作品，尤以《八骏图》为代表。其基本情节出自所居的福山路3号教授宿舍，表现了道德形象与世俗情欲的冲突，意在揭露虚伪而返归真实。另有《月下小景》《如蕤》《都市一妇人》等作品。诗性小说《边城》写的是湘西，萌思于青岛，创作于北京。言及作品与青岛的关系，沈从文说小说是在青岛酝酿的，翠翠这一形象的原型是崂山北九水遇见的一位清纯少女，长诗《从悲多汶乐曲所得》所记"崂山前小女孩恰如一个翠翠"即是此意。

沈从文故居的基本面貌
The Basic Features
of Shen Congwen's Former Residence

　　沈从文故居位于福山路3号，八关山脚下，向东南可望见汇泉湾。该建筑约建于1930年，为欧式住宅。砖木结构，地上两层，有地下室。红瓦坡顶，黄色水刷墙面。占地面积1055.60平方米，建筑面积约489平方米。庭院大门东向，经30级花岗岩引梯到达一层平台。主入口朝东，乱石砌基，两根石柱挑起门楼，形成二层的观景露台。室内室内共有14个房间，多铺木地板，木制扶梯通达上下两层。

　　沈从文故居保存较好，现为青岛市文物保护单位和山东省历史优秀建筑。

● 沈从文故居

洪深故居
——劫后桃花映现的电影开山

Hong Shen's Former Residence

Founding Film Represented by
Peach Blossom After Devastation

他们的在青岛，或者是为了长期的职业，或者是为了短时的任务；都是为了正事而来的；没有一个人是真正的闲者；没有一个人是特为来青岛避暑的。然而，他们都对人说着："在避暑胜地青岛，我们必须避暑！避暑！避暑！"

——洪深《〈避暑录话〉创刊辞》

洪深故居
（福山路1号）

　　洪深（1894－1955），字伯骏，江苏常州人，现代著名作家、导演、戏剧理论家和教育家，中国电影与话剧事业的开山者之一。1934年，任国立山东大学外文系主任，创作了电影剧本《劫后桃花》。

洪深生平史迹
The Life Story of Hong Shen

　　1894年12月31日，洪深出生于江苏武进县。少时先后就读于上海徐汇公学、南洋公学和天津铃铛阁中学。1912年，考入北京清华学校。1916年，毕业后赴美留学。1919年，考入哈佛大学，是中国第一个专习戏剧的留学生，获硕士学位。

　　1922年，洪深回到上海，先后在复旦大学、暨南大学等校讲授英文。1922年冬，写出成名剧本《赵阎王》。1924年，改译并导演《少奶奶的扇子》一剧，大获成功。1928年4月，他首先提出使用"话剧"一词作为新式戏剧的名称，后又撰《从中国的新戏说到话剧》一文。1928年冬，加入南国社。1924年，进入电影界。1925年，任上海明星电影公司编导，创作了中国第一个电影文学剧本《申屠氏》，创办中华电影学校，成为中国电影教育的开拓者。1930年，加入"左联"。1930～1932年写出农村三部曲——《五奎桥》《香稻米》和《青龙潭》。

　　1934年秋，洪深归返青岛，任国立山东大学外文系主任，至1936年春。其间，创作与研究均有重要收获。

　　1937年抗日战争全面爆发后，洪深积极参加抗日救亡工作。1940年秋，任文化工作委员会委员。1941年春，任中山大学英文系主任。1942年入川，在重庆为中华剧艺社导演《法西斯细菌》等剧。抗战胜利后，先后任教于复旦大学、上海戏专及厦门大学。1948年末自香港海路北上，于1949年初抵达北京。

　　新中国成立后，洪深在文化部及国家对外文化联络局等单位担任领导职务，曾任中国戏剧家协会副主席。1955年8月29日在北京逝世，终年61岁。

洪深与青岛的文化关系及其主要贡献
Hong Shen's Cultural Relations with and Main Contribution to Qingdao

洪深是20世纪30年代寓居青岛学者、作家群的代表人物之一，在戏剧与电影创作、研究等方面贡献尤著。

1. 作为国立山东大学外文系主任，为山大人文科学的传续、更新与发展作出重要贡献。

1934年秋，应国立山东大学校长赵太侔之聘，洪深接替梁实秋担任外文系主任。作为当时山大人文学科代表人物之一，他延续了历史荣光并致力于学科建设，起到承前启后的作用。

2. 热情支持学生剧社，积极沟通艺术与社会，在推进校园戏剧活动和社会京剧活动方面发挥了关键作用。

在国立山东大学，洪深帮助学生成立了左翼文学团体——海鸥剧社。由于他的到来，山大的戏剧活动搞得有声有色。他指导学生排演了英国戏剧家戴维斯（旧译台维斯）的三幕喜剧《寄生草》，全市公演获得成功。同时，他还参加了设于三江会馆的票友组织——和声社的活动，沟通了大学和社会。

3. 创作与研究相结合，写出电影文学剧本《劫后桃花》并现场指导拍摄，成为青岛影视之城的一个历史前缘。

1934年，感愤祖产被日人霸占之事，洪深写出《我的失地》一文。转年，以此为原本创作了《劫后桃花》，这被认为是中国第一部正规的电影文学剧本，表现的是晚清遗老在青岛的家族生活与历史畸变，内中隐含着自己的家族记忆。

劫後桃花 An Idyll of Tsingtao

（有聲電影劇本）

一　鄉野風景

青島卽膠州灣，山麓森樹蔭海有漁鹽，人民安居樂業，原是高塏安樂的風土。

［海濱輕綠林立］　山邊有花齊放　［沙子口漁舟曬網］

李村集熱鬧市場

二　都市風景

青島大緒二十三年，德國路口設土埠，設遠種佔膠州灣，設青島灣……

三　祝府門前

四　祝府廳尉

洪深电影文学剧本《节后桃花》原发表页

073

1935年，由上海明星电影公司投拍的同名电影在青岛拍摄，青岛湾、汇泉湾、海滨公园、八大关、太平角、火车站、总督府旧址等多处景观被摄入镜头，内景主要取自汇泉路上的玛丽达尼·列夫莱斯基别墅。当时洪深本人就在青岛，亲临现场指导。这次拍摄活动，拉开了青岛成为电影拍摄胜地的序幕。

4. 与老舍、王统照等12位同人共创《避暑录话》，留下了关于避暑的经典语汇。

作为《避暑录话》的主要发起人和供稿人之一，洪深为之撰写了发刊辞并提供了多篇作品，为这份文学副刊的创办和正常出版发挥了关键作用，增加了其历史感和纪念性。

周至元绘《观川台》

5. 与青岛有着家族化的关联，见证了青岛的地域精神与历史变迁，作品的青岛特色明显。

1913年，国民党领袖宋教仁遇刺，洪深之父洪述祖涉案，遂逃来青岛避难，在崂山建起了"观川台"别墅。当时洪深尚在清华学校读书，每逢寒暑假辄来青岛，对青岛的历史渊源和地域精神都有着比较充分的了解。1915年，洪深发表《青岛见闻录》，并创作了自己的第一个剧本《卖梨人》。该剧取材于崂山，是中国第一部有对白的剧本。因其家族与青岛有着特殊的渊源，故而洪深成为20世纪30年代文化名人中与青岛关系最为直接而深刻的一位，他的部分作品体现出了明确的青岛背景和青岛特色。1935年所写的《劫后桃花》进一步体现了这一点。

洪深故居的基本面貌
The Basic Features
of Hong Shen's Former Residence

　　洪深故居位于福山路1号，坐落于山丘高地上，与道路形成较大落差。蘑菇石院墙绵亘路边，给出一种壮观之势。

　　建于1930年，带有新艺术和田园风格，建筑面积501平方米。砖石结构，地上两层，有地下室和阁楼。30级花岗岩引梯盘旋上升，局部形成洞窟，给人某种堡垒感觉，两根壁柱引出主入口并支撑起二层的露台。东立面设有敞廊，8根石柱支撑起观景露台。南立面西部山墙取半木构装饰，比例匀称。

　　洪深故居保存较好，现为青岛市文物保护单位和山东省历史优秀建筑。

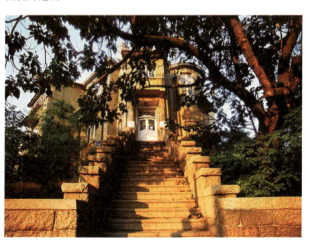

● 洪深故居

宋春舫故居
——戏剧与海洋世界的双重邀游

Song Chunfang's Former Residence
Travelling Both in Drama and Marine World

予自弱冠西行，听讲名都，探书邻国，尔时所好，尽在戏曲，因府之秘籍，私家之珍本，涉猎所及，殆尽万卷……盖二十年来，辛苦搜求，所获不过三千余册，财力不足，闻见有限，无足怪也，抑幸所藏，仅限一类，范围既隘，择别较易，即此区区，已为难得。以言戏曲，粗备梗要，中土所藏，此或第一，持较法京，才百一耳……

——宋春舫《褐木庐藏戏曲书写目自序》

宋春舫故居
　（福山支路6号）

宋春舫（1892－1938），浙江吴兴人，剧作家和藏书家，中国海洋科学研究的开拓者之一。1928年，任观象台海洋科科长。1930年，与蔡元培、蒋丙然等发起创设青岛水族馆。建"褐木庐"，富藏戏剧图书。

宋春舫生平史迹
The Life Story of Song Chunfang

1892年，宋春舫出生于浙江吴兴县。1905年在清朝最后一次科举考试中考取秀才。1910年，进入上海圣约翰大学外文系学习。1912年春，赴瑞士留学，在日内瓦大学攻读政治经济学并获得硕士学位。而后，游历法、英、德、意、美等国，遍观欧美戏剧原版书籍并悉心搜求，广交各国戏剧家。

1916年夏回国后，先后任教于圣约翰大学、清华大学和北京大学，讲授欧美戏剧理论，是在中国大学讲坛开设戏剧课的第一人。1920年春，以外交官身份再赴欧洲。1921年8月归国，带回数千部欧洲戏剧图书。1923年出版《宋春舫论剧》。1924年，任上海东吴大学教授，后任中法大学教授。

079

🔘 1932年青岛观象台和水族馆同仁合影
（前排自左至右为宋春舫和蒋丙然，后排自左至右为刘靖国、李方琮和朱祖佑）

1925年，首度来青。1928年，出任青岛观象台海洋科首任科长。1930年，与蔡元培、蒋丙然等共同发起创办青岛水族馆，为之贡献良多。同年，应杨振声邀负责筹建国立青岛大学图书馆。1931年，开办"褐木庐"戏剧图书馆。1938年病逝于青岛，年仅46岁。

宋春舫与青岛的文化关系及其主要贡献
Song Chunfang's Cultural Relations with and Main Contribution to Qingdao

　　宋春舫是中国早期戏剧理论研究的代表人物，对"五四"新文化戏剧运动贡献良多。1928年旅居青岛，成为审美与科学海洋的双重遨游者，在此度过了人生的四分之一时光。

　　1. 发现青岛在海洋科研方面的巨大潜力，发起建立青岛水族馆，为中国海洋科学研究事业的启航做出了特殊贡献。

　　1928年暑假，宋春舫与观象台台长蒋丙然探讨在青岛开辟海洋研究之路径，特撰《海洋学与海洋研究》一文于上海《时事新报》刊载，首次提出在青岛设立国家海洋研究所的建议。同年11月，观象台先期成立海洋科，是为首创性的海洋科研机

构，特聘宋春舫为科长。就此宋春舫站在了中国海洋科学研究的起点上。1930年8月，中国科学社在青举行第15届年会，他又与蒋丙然一起将启动海洋研究之设想呈与蔡元培，与蔡不谋而合。于是，蔡元培、李石曾、杨杏佛、竺可桢、蒋梦麟、蒋丙然、宋春舫等联名发出在青岛筹建中国海洋研究所的倡议，议决先行建造水族馆，宋春舫被推举为筹委会常务委员并捐助了部分资金。1932年5月，亚洲最先进的水族馆在海滨公园内建成开馆。1936年，他还参与了海洋生物研究所的创始工作。

2. 创办"褐木庐"戏剧图书馆并负责筹建国立青岛大学图书馆，构建了一个别具魅力的文化磁场。

1929年，宋春舫开办"褐木庐"，典藏版本价值极高的西语图书7000余册，以戏剧类为主，号称世界三大戏剧图书馆之一。其名源出法国三大戏剧家高乃依（Corneille）、莫里哀（Molière）和拉辛（Racine），各取其名字首音拼合而成"Cormora"，音译为"褐木庐"。从中不难看出其价值取向，向大师致敬，进行跨文化对话。就此，在城市记忆中闪过一道意味深长的灵光。梁实秋、孙大雨及胡适等人均曾沉醉其中。

同年，应杨振声之聘，他负责筹建国立青岛大学图书馆，为之贡献良多。1930年，还兼任了青岛观象台图书馆主任。

『褐木庐』戏剧图书馆内景

宋春舫在『褐木庐』戏剧图书馆门前（约1931年）

宋春舫故居的基本面貌
The Basic Features
of Song Chunfang's Former Residence

宋春舫故居亦称"褐木庐"，位于福山支路6号，小鱼山东南麓，邻近康有为故居。为欧式民居，建于1928年，砖木结构，地上二层，有半地下室和阁楼，建筑面积205平方米。花岗石砌基，水刷墙，红瓦坡顶。平面呈折角形，12级石阶引至主入口，其上为观景露台。进入楼内，略过那些纷乱事象，犹可想见往昔"褐木庐"的光彩，幽幽书香凝固成了回忆。

宋春舫故居保存较好，现为山东省历史优秀建筑。

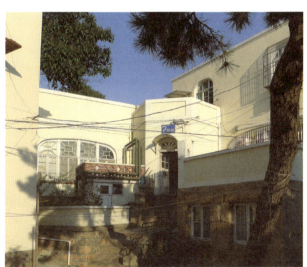

● 宋春舫故居

王统照故居

——本埠文学拓荒者的光辉

Wang Tongzhao's Former Residence

Glorious Pioneer of Local Literature

从北平来，从上海来，从中国任何的一个都市中到青岛来，你会觉得有另一种的滋味。北平的土土，旧风俗的围绕，古老中国的社会，使你沉静，使你觉到匆忙中的闲适，小趣味的享受。在上海，是处处模仿着美国式的摩天造，耀目的红绿光灯，街市中不可耐的噪音；各种人民的楼，宽循，凌乱，繁杂忙碌，狡诈，是表现着帝国主义殖民地的威风派头。然而青岛，却在中国的南方与北方的都会中独自表现着另一副面目。

「青山，碧海，红瓦，绿树。」康有为的批评青岛色彩的八个字，久已是悬于一般旅行者的记忆之中。讲青岛的表现色，这几个形容字自然不可移易。初到那边的人一定会亲切地感到。

——王统照《青岛素描》

王统照故居
（观海二路49号）

　　王统照（1897－1957），字剑三，笔名息庐、容庐，山东诸城人，现代著名作家和教育家，新文化运动先驱。1927年定居青岛，为青岛本埠新文学的拓荒者。

王统照生平史迹
The Life Story of Wang Tongzhao

1897年2月9日，王统照诞生于山东诸城相州镇。1913年，考入山东省立一中，开始文学创作。1918年，进入中国大学英文系，同年发表第一篇白话小说《纪念》。1919年"五四运动"时，参加火烧赵家楼行动。1921年1月，与周作人、沈雁冰、郑振铎等12人联合发起创立了新文化运动史上第一个文学团体——文学研究会，倡导"为人生的艺术"。1922年毕业后留校任教。1924年，任中国大学教授兼出版部主任。

1926年7月，因母病辞职，王统照回归故里诸城。1927年，举家迁居青岛，先后任教于铁路中学和市立中学。1929年创办《青潮》月刊，为青岛新文学拓荒。1933年，长篇小说《山雨》在青岛问世，是为其代表作。

1934年，自费旅欧，游历了埃及、意、法、德、荷兰及波兰等国，作诗《九月风》歌颂波兰人民的自由独立运动。其间，赴爱丁堡参加世界笔会。欧游见闻集结成《欧游散记》。

1935年春旅欧回国。夏，在青岛与老舍、洪深等共创《避暑录话》。翌年任上海《文学》杂志主编。1937年起，先后任上海音乐专科学校、暨南大学教授及开明书店编辑。1945年，返回青岛，任《民言报》副刊主编。1946年国立山东大学在青岛复校后，被聘为中文系主任。1949年7月赴北平参加中华全国文艺工作者代表大会，当选为全国文联委员和文协理事。

新中国成立后，历任山东省文教厅副厅长，山东省文联主席及文化局局长等职。1957年11月29日病逝于济南，享年60岁，葬于济南市金牛山公园。

王统照与青岛的文化关系及其主要贡献
Wang Tongzhao's Cultural Relations with and Main Contribution to Qingdao

　　王统照视青岛为第二故乡，为拓荒新文学、推进大学教育与现代文化发展做出了突出贡献，有效丰富了青岛城市记忆。

**　　1. 长期定居青岛，超越一般意义上的"客居"，缔结本土意识，对青岛城市特质与城市精神有着特殊的历史见证力。**

　　1927年移家青岛后，王统照为之倾注了大量笔墨。1934年3月，写下《青岛素描》一文，提出了一个思考：

　　　　虽然静美，却使人感到并不十分强健。理想的境界本
　　来难找，可是除却沉醉于静美的环境中，想一想中国都市

● 山东大学原址（今中国海洋大学鱼山校区）
　　建筑原为山东大学图书馆，图片左下角为王统照铜像

雨 山
照 統 王

● 1933年，开明书店
出版《山雨》，
王统照自题其名

● 王统照与臧克家
在青岛的合影

的病象，竟差不多！譬如这里，已比别处好得多，然而有
什么更好的方法可以使这个静美的地方更充实与健康呢？

此话言犹在耳，没有强大文化灵魂为之倾注的城市终究是
病态的，无论多么静美，其生命力都将受到自身的制约。学者
所为，不正是要为静美之城赋予"充实与健康"吗？

**2. 以"新文化运动"先驱的身份开拓青岛本埠文学，创获
杰作并扶植文坛新秀，为青岛新文学的发展作出了重大贡献。**

王统照为新文化运动先驱者之一，在青岛写出代表作《山
雨》，深刻地反映了20世纪二三十年代北方农村的破产和农民
的觉醒。吴伯箫认为这是与茅盾《子夜》并立的名作，言为
"子夜山雨季"。1927年移家青岛后，其寓所观海楼就成为青
岛新文学力量的聚集处。1929年，他主导创办了岛上最早的现
代文学期刊《青潮》，这是青岛本埠作家在现代文坛上的第一
次群体亮相，标志着新文学在青岛的第一个历史高度。与此同
时，他热情扶植文坛新秀，臧克家、吴伯萧、王亚平、杜宇、
孟超等人均深得其惠。臧克家的第一本诗集《烙印》就是在王
统照和闻一多的帮助下出版的。1945～1946年，主编《民言
报》副刊《潮音》，共出刊29期，除发表青岛本埠作者作品

外，还刊载了郑振铎、郭绍虞、丰子恺、徐中玉等名家的作品，其影响力波及全国。

3. 聚合大学内外的文化人物，共襄盛举，深刻见证了20世纪30年代青岛文化高峰的形成与演变。

20世纪30年代，王统照虽未入国立山东大学，但与老舍、洪深、赵少侯、黄公渚等知名教授甚为投契，是沟通大学内外的关键人物，实质性地参与了青岛现代文化平台的建设。1935年夏，他与老舍、洪深、杜宇等形成十二同人团体，创办文学副刊《避暑录话》，提供了多篇作品，书写了具有历史性的同人文学之光，呈现了青岛文化史上极具魅力的一章。

4. 国立山东大学战后复校后，两度主持文史系和中文系，为大学的传续和更新发展作出重要贡献。

1946年，王统照受聘担任复校后的国立山东大学教授和中文系主任。1949年7月后，再度出任山大中文系主任。他殚精竭虑，为山东大学的教育体系和学术建设做出了重要贡献。

⬤ 1949年，黄公渚赠王统照画轴
（其时，黄公渚为国立山东大学中文系教授，王统照为系主任，交情深厚）

王统照故居的基本面貌
The Basic Features of Wang Tongzhao's Former Residence

王统照故居位于观海一路49号，观海山西麓，为中西混合式建筑，由中国建筑师王云飞设计。

该建筑因应地势、高低错落。进入庭院大门，20级花岗石台阶引至上一层，两旁有铁艺栏杆木条扶手。院内有甲乙两栋房屋，甲栋坐落于东北侧，平房10间，设有木柱外廊，平面呈双折角式，建筑面积158平方米，建于1927年。乙栋坐落于庭院西南角，平房3间，呈"一"字型东西向分布，系1930年增筑，建筑面积约59.37平方米。1930年所登记的业主王剑三即王统照本人。

王统照故居保存一般，现为青岛市文物保护单位和山东省历史优秀建筑。

091

● 王统照故居

萧红、萧军、舒群故居
——青春激情与文学对话之路

Xiao Hong,Xiao Jun and Shu Qun's Former Resid

The Dialogue Between Youthful Passion and the Literatu

正如她（萧红）所说，青岛是我旧地重游的地方，也是值得我们永远怀念和纪念的地方。一九三四年夏天我们从哈尔滨出走以后，于当年的端午节前一日到了青岛……

…………

到了青岛不久，我们在"观象一路一号"一所石块垒成的二层小楼的下部租了两间房子：一间由舒群夫妇居住，一间由我们居住……

…………

后来我由楼下面又搬到楼上有"太极图"那间突出的单间居住了。

——萧军《萧红书简辑存注释录》

萧红萧军舒群故居
（观象一路一号）

SJS.

　　萧红（1911－1942），原名张乃莹，黑龙江呼兰人。萧军（1907－1988），原名刘鸿霖，辽宁义县人。舒群（1913－1989），原名李书堂，黑龙江哈尔滨人。三人皆为东北作家群代表人物，1934年来青岛，分别写出了各自的代表作：《生死场》《八月的乡村》和《没有祖国的孩子》。图为萧军和萧红。

萧红、萧军、舒群生平史迹
The Life Stories of Xiao Hong ,Xiao Jun and Shu Qun

　　萧红于1911年6月2日出生于黑龙江呼兰县。1928年，到哈尔滨读中学，开始接触新文化思潮，尤受鲁迅、茅盾和美国作家辛克莱作品的影响。1930年，因抗婚离家出走，后就读于北平女子师范女子师范大学附中。1932年，回到哈尔滨，与萧军相识，开始文学创作。1933年，与萧军合著《跋涉》。1934年6月中旬，与萧军一起来到青岛，编辑《青岛晨报》副刊，写作小说《生死场》。同年去上海，鲁迅为《生死场》作序。1936年只身东渡日本养病，1937年返国。1938年，应李公朴之邀，任山西临汾民族革命大学文艺指导，后辗转西安、武汉、重庆等地。1940年，与端木蕻良同去香港，贫病交迫中坚持创作，出版长篇小说《呼兰河传》。1942年1月22日，病逝于香港，年仅31岁。

　　萧军于1907年7月3日出生于辽宁省义县。1928年考入张学良在沈阳创办的东北陆军讲武堂，开始用白话文写作。1932年初到哈尔滨，与萧红相识并于翌年结婚，1934年夏偕来青岛。在观象山寓所，萧军写出了自己的代表作长篇小说《八的乡村》。同年与萧红一起到上海，鲁迅为其《八月的乡村》作序。1938年1月，应李公朴邀请，与萧红、聂绀弩、端木蕻良等到山西临汾民族革命大学任教，后赴延安。同年，在西安与萧红离婚。1940年6月再度赴延安。1942年5月2日参加延安文艺座谈会并作《对于当前文艺诸问题的我见》发言。1946年9月任东北大学鲁迅艺术文学院院长。1951年调入北京，从事文物研究工作。1988年6月22日，逝世于北京，享年81岁。

● 舒群（左）与萧军（右）、罗烽（中）合影

　　舒群于1913年7月3日出生于黑龙江阿城。1931年"九一八"事变后，参加抗日义勇军。1932年3月末，参加第三国际中国组织，同年8月加入中国共产党。1934年夏，舒群来到青岛，与萧军、萧红同住观象一路1号小楼。当年秋，被国民党蓝衣社逮捕，在狱中写下中篇小说《没有祖国的孩子》。获释后到上海，参加了"左联"。1937年，赴延安路经西安时留下工作，在八路军司令部给朱德总司令做秘书。1938年至武汉，与丁玲创办文艺刊物《战地》。1940年，回到延安，任《解放日报》文艺副刊主编。1942年5月2日，参加延安文艺座谈会。1945年抗战胜利后，赴东北工作。1950年，参加抗美援朝，其间创作了长篇小说《第三战役》。1951年回北京，任中国文联副秘书长、中国作家协会秘书长等职。1989年8月2日，病逝于北京，享年76岁。

萧红、萧军、舒群与青岛的文化关系及其主要贡献
Xiao Hong, Xiao Jun and Shu Qun's Cultural Relations with and Main Contribution to Qingdao

1934年，萧红、萧军和舒群来到青岛，以新的形象丰富了当时青岛的文化生态，反映了左翼作家的创作与精神状态，为20世纪30年代青岛文化高峰的形成做出了特殊贡献。

1. 作为年轻的左翼作家，典型体现了当时青岛左翼文学的基本面貌，见证了20世纪30年代青岛的基本文化精神。

萧红、萧军和舒群均为东北作家群的重要成员。东北作家群是一个在"九一八"事变后从东北流亡到关内的文学青年自发组成的创作群体，亲历家国之痛，带有鲜明的左翼文学运动色彩。在青岛，萧军曾与鲁迅先生通信，通过荒岛书店收转，为当时以新文化为特征的荒岛书店的历史存在留下了重要的一笔。青岛作为他们人生关键时期的一个驿站，激发并孕育了他们的创作热情，留下了感人至深的人生足迹。

2. 文学创作成效显著，各自写出自己的代表作，具有鲜明的时代特色，在荒原与岛屿之间划出一道优美、苍凉的弧线。

萧红的代表作是中篇小说《生死场》。该小说在当时东北乡村小镇的闭塞与荒凉中展开故事情节，写出了东北农村人民在沉滞闭塞生活中的挣扎状态，以及日本侵占东北后他们的苦难历程与抗争道路。其中，对人性、人的生存这一古老问题进行了透彻而深邃的诠释，也对革命前途问题进行了探索。小说极具时代性，风格明丽凄婉，弥漫着忧郁和感伤气息，带有诗化小说的气质，被视为一个时代民族精神的经典文本。

● 萧红、萧军、倪青华、舒群（由左至右）在青岛四方公园留影（1934年）

　　萧军的代表作是长篇小说《八月的乡村》。作品以党领导下的一支东北抗日游击队——中华人民革命军第九支队的转移过程为基本线索，成功地塑造了一群有着不同经历、不同思想素质、不同觉悟水平的抗日战士形象，深刻触及了当时历史背景下的思想演变与情感冲突，表现了东北人民不甘心当亡国奴、誓死保卫家乡、争取民族解放和不屈不挠的斗争精神。作品具有浓郁的乡土色彩和鲜明的时代特征，风格质朴刚健，充溢着一种不可抑止的力量，具有强烈的艺术个性，体现了抗日文学的实绩，也奠定了萧军在文坛上的地位。

　　舒群的代表作是中篇小说《没有祖国的孩子》，于1934年秋作于狱中。小说以东北沦陷区三个不同国籍的孩子的悲欢离合为线索，通过对果里——一个失去祖国的朝鲜小孩的苦难遭遇，表现了当时历史苦难中的少年生活、友谊与命运，揭示"祖国"的意义所在，对当时正面临亡国危险的国人给予深刻启迪。作品真实再现了30年代初东北人民的悲惨命运和民族矛盾，弥漫着一股深沉的爱国主义情感和不屈不挠的抗争意志。

萧红、萧军、舒群故居的基本面貌
The Basic Features
of Xiao Hong, Xiao Jun and Shu Qun's Former Residence

萧红、萧军、舒群故居位于观象一路1号，观象山东麓，观象一路的东端，约建于1928年。

该建筑为欧式民居，构图较为丰富，平面呈折角式分布。主立面北部处理为三角山墙，显得高扬，上原饰有太极图案，而南部作退层处理。一层为门廊，二层设计为观景平台。花岗石砌成镂空花墙，与院墙在造型上取得一致。建筑面积约210平方米。砖石结构，红瓦多折坡屋面。花岗石砌出地基和一层的外墙，二层为灰黄色水刷墙面。

萧红、萧军、舒群故居保存较好，现为青岛市文物保护单位和山东省历史优秀建筑。

● 萧红、萧军、舒群故居

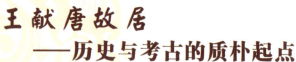

王献唐故居
——历史与考古的质朴起点

Wang Xiantang's Former Residence
The Pathway to History and Archaeology

王献唐故居

（观海二路13号甲）

此系身外之物，聚散皆数，不足介怀。

—— 王献唐

　　王献唐（1896－1960），原名王家驹，字献堂，山东日照人，现代著名历史学家、考古学家、图书馆学家和版本目录学家。1907年来到青岛，就读于礼贤书院，毕业后入德华大学（青岛特别高等专门学堂）土木工程系学习，后往来青岛与各地，致力于古代典籍收藏和文化遗产保护。

王献唐生平史迹
The Life Story of Wang Xiantang

1896年10月13日，王献唐出生于山东日照城。1907年来青岛，先后入礼贤书院和德华大学读书。1917年始从事编辑工作，曾以《商务日报》《山东日报》特派记者身份长驻青岛。

1922年12月，北洋政府收回青岛，王献唐为接受代表之一。后留青工作，开始古史研究。1925年后辗转北京、南昌及南京等地从事政务工作。1927年息影政坛，潜心学术，遂改名"献唐"。1929年8月出任省立图书馆馆长，当年底赴聊城抢救海源阁藏书。1930年协助傅斯年、李济等对城子崖遗址进行考古发掘。1937年秋组织转运山东省立图书馆的善本典籍和金石文物。抗战期间曾任职于山东大学、武汉大学和国史馆。

新中国成立后，历任山东省文物管理委员会副主任及故宫博物院研究员等职。1960年11月16日病逝于济南，享年64岁。

山东省立图书馆同仁合影（20世纪30年代初）

王献唐与青岛的文化关系及其主要贡献
Wang Xiantang's Cultural Relations with and Main Contribution to Qingdao

王献唐长期在青岛生活，与青岛有着极深的渊源关系，其主要贡献或影响表现在如下方面。

1. 少时即来青岛，有着完整的生活经历，突破了短期客居的范畴，带有鲜明的青岛气派。

1907年，王献唐11岁时即从家乡日照来青岛求学，进入礼贤书院，兼修文科和德文科，毕业后到德华大学（青岛德华特别高等专门学堂）学习土木工程。王献唐在青岛求学近十年，而后又长期在青岛工作，与这座城市建立了深刻的文化关系，体现了青岛学者的精神风范。

● 德华大学旧址

2. 参与青岛接收，为青岛回归及胶澳商埠发展的历史见证者之一。

1922年12月青岛回归，王献唐为接受代表之一，随后留任胶澳督办公署帮办秘书，翌年任青岛财政局股长。他深刻见证了青岛的历史转折，实现了人与城市共同的历史感。

3. 创办中德学社，致力于东西方文化对话。

1924年，王献唐与在礼贤书院工作的德国学者苏保志等人共同发起成立中德学社，以研究中德文学、哲学并促进东西方文化对话为宗旨，组织翻译了大量中德文化著作。

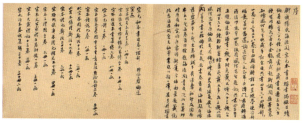

● 1931年，王献唐抢救聊城海渊阁藏书，抄录其书目

4. 开启国学研究之门，开创山东考古历程，倾心于古代文物和地方文化遗产的整理和保护，留下了重要的文化遗产。

1924年，王献唐在青岛著成《公孙龙子悬解》，这是其早期国学研究的一个重要收获，标志着他30余年的古史研究历程正式开启，尤重地域文化之研究，成果丰硕，顿成大家，树立了山东地方古史研究的典范。

1928年，日本人勾结汉奸盗走临淄龙泉寺的4尊北魏佛造像和两尊石碑，运至淄河店车站，企图由青岛转运日本。得知消息后，王献唐多方呼吁，坚决反对日本盗窃中国文物。于是

● 现藏于青岛市博物馆的北魏佛造像（丈八佛）

在1930年，他协调铁路方面派出专车，将这批珍贵的北魏石造像运至四方机车厂厂区内的四方公园（后移至青岛市博物馆收藏），为青岛留下了一笔重要的古代文化遗产。这是王献唐早期文物保护征程上的一笔重彩。

作为山东考古工作的开拓者，他为新中国成立后青岛地区考古工作的开展发挥了关键作用。1956年夏，他带领山东古代文物保管委员会的工作人员来青岛进行田野考古调查和试掘，在李家宅头等地发现了多处龙山文化遗址，出土了一批珍贵文物，就此开创了青岛地区科学考古的先声。

王献唐故居的基本面貌
The Basic Features of Wang Xiantang's Former Residence

王献唐故居位于观海二路13号，观海山东麓。

1923年，王献唐购得地皮一块建起寓所。近山巅处坐落着独门小院一座，地势高旷。院内建有平房一排，为普通的中西混合式住宅。砖石结构，坐北朝南，乱石砌基，黄色水刷墙，红瓦坡顶。建筑造型简单，无装饰。院中原有一个小凉亭，周围遍植花草，清幽宜人。

王献唐故居保存基本完好，现为青岛市文物保护单位和山东省历史优秀建筑。

● 王献唐故居

冯沅君 、陆侃如故居
——古典文学伉俪的鱼山岁月

Feng Yuanjun and Lun Kanru's Former Residence

Classic Literature Scholar Couple's Days in Yushan

金尊翠盘纵以横，燕园何处不歌声。
可怜圣诞狂欢里，万姓椎心哭历城！
——冯沅君《书燕京大学事（其二）》

冯沅君、陆侃如故居

（鱼山路36号）

冯沅君（1900—1974），原名冯恭兰，字德馥，笔名淦女士、沅君等，河南南阳唐河人，现代著名女作家和古典文学家。1947年来青岛，任教于国立山东大学。

陆侃如（1903—1978），原名侃，字衍庐，祖籍江苏太仓，出生于江苏海门，现代著名文学史家和教育家。1947年来青岛，任教于国立山东大学。

冯沅君 陆侃如生平史迹
The Life Story of Feng Yuanjun and Lu Kanru

1900年9月4日，冯沅君出生于河南南阳唐河镇，与哲学家冯友兰和地质学家冯景兰为同胞兄妹。1917年考取北京女子高等师范学校，成为中国第一批女大学生。1922年考取北京大学研究所，专攻中国古典文学。1923年开始小说创作，笔名淦女士，后以沅君为笔名。1925年毕业后，先后在金陵大学、中法大学、暨南大学、复旦大学、安徽大学、北京师范大学及北京大学任教。1926年出版短篇小说集《卷葹》和《春痕》。

111

1903年11月26日，陆侃如出生于江苏海门三阳镇普新村。1920年考入北京高等师范学校读书。1922年考入北京大学中文系，开始了一生的古典文学研究。其间，撰有《屈原》和《宋玉评传》两书，备受好评。1924年考入清华大学研究院，专攻中国古典文学，精读《楚辞》，协助

● 冯沅君

● 1929年，冯沅君、陆侃如在上海的结婚照

梁启超校注《桃花扇传奇》。1927年毕业后，先后在上海中国公学、复旦大学与暨南大学等校任教。

陆侃如、冯沅君相识于1924年秋天，1928年春同赴上海任教并合影订婚，1929年1月结为伉俪，开始了合作研究中国古典文学的充满着"爱、自由和美"的罗曼史。除了在各校教学外，联手著成《中国诗史》和《中国文学史简编》两书。《中国诗史》是继王国维的《宋元戏曲史》和鲁迅的《中国小说史略》之后又一部具有开拓性质的中国文学专史。1932年夏，他们出国留学，入法国巴黎大学研究院，并于1935同获文学博士学位。当年回国，任教于燕京大学。抗战期间，先后任教于在昆明的中山大学和在四川的东北大学。1947年，他们一起来到了青岛，担任国立山东大学中文系教授，1958年秋随校迁至济南。

1974年6月17日，冯沅君病逝于济南，享年74岁。

1978年12月1日，陆侃如病逝于济南，享年75岁。

冯沅君、陆侃如与青岛的文化关系及其主要贡献
Feng Yuanjun and Lu Kanru's Cultural Relations with and Main Contribution to Qingdao

冯沅君、陆侃如夫妇琴瑟相合，为现代文坛和古典文界引人瞩目的一对伉俪，谱写了爱情与学术传奇，在青岛文化史上留下了浓墨重彩的一笔。

1. 薪火相传，作为20世纪四五十年代的人文名师，延续了山东大学的人文传统，成为一个文化链条上不可或缺的一环。

一对学术伉俪代表了当时青岛的人文风范。他们向往"一间房，两本书"的生活，人文风采的宁静与放射在青岛展开。20世纪40年代，他们喜欢在著作文末题署"写于青岛鱼山别

113

● 国立山东大学原址

● 冯沅君与陆侃如（20世纪50年代）

墅"，所指就是鱼山路36号寓所。1947～1958年，他们在山东大学工作了11年，延续和加深了山东大学在青岛创立以来的人文光辉，代表了山东大学在古典文学教学和研究上的高度，延续了山东大学的历史荣光并有所增益。

2. 著述丰富，在古典文学研究领域取得重要成就。

在青岛生活和工作期间，冯沅君撰成并出版了《古剧说汇》等著作，与游国恩等一起主编《中国文学史教学大纲》，此书为全国高校文科的中国文学史课程提供了讲课的依据；与北京大学林庚教授共同主编了《中国历代诗歌选》。陆侃如撰成了《中国文学理论简史》和《中古文学系年》等著作。夫妇二人合作，修订再版了《中国诗史》，合著《中国古典文学简史》，修订了《中国文学史简编》，所建构的中国文学史框架体系完备，对历代作家作品评述精到，是新中国成立后古典文学研究的重要收获，影响深远。

冯沅君、陆侃如故居的基本面貌
The Basic Features
of Feng Yuanjun, Lu Kanru's Former Residence

　　冯沅君、陆侃如故居位于鱼山路36号。原为日本商校教工宿舍，建于1931年，1946年国立山东大学复校后作为山大教授宿舍使用。这是由五座二层小楼和一座平房组成的一个院落，总占地面积6696平方米，建筑面积共2285.20平方米。为日本仿欧式建筑，均为地上两层带阁楼，砖石木结构，白墙红瓦，构图严谨而灵活。花岗岩墙基，墙体山花多以岩石镶嵌屋面设计精巧，富于变化。

　　冯沅君、陆侃如故居保存基本完好，现为青岛市文物保护单位和山东省历史优秀建筑。

115

● 冯沅君、陆侃如故居

童第周故居
——科学之光照耀之处

Tong Dizhou's Former Residence
The Enlightenment of Science

童第周故居

（鱼山路36号）

我们的事业，需要的是手，而不是嘴。

——童第周

　　童第周（1902－1979），浙江鄞县人，著名生物学家和教育家、中国实验胚胎学的主要奠基人，被誉为中国的"克隆之父"。1934～1938年，1946～1948年，1949～1956年，三度任教于山东大学。1950年主导创建中国科学院水生生物研究所青岛海洋生物研究室（中国科学院海洋研究所的前身）。

童第周生平史迹
The Life Story of Tong Dizhou

1902年5月28日，童第周生于浙江鄞县。1922年，考入复旦大学哲学系心理学专业，毕业后到南京中央大学生物系任教。1930年，赴比利时的布鲁塞尔自由大学留学，1934年，获博士学位。后到英国剑桥大学作短期访问。

1934年底回国后来青岛，任山东大学生物系教授。抗战期间，先后在国立编译馆、中央大学、同济大学和复旦大学任教。1946年，任山东大学动物学系主任，创办海洋研究所。1948年，去美国考察，在耶鲁大学工作。其间，当选为中央研究院院士。1949年回国，继续在山大任教。1955年，当选为中科院学部委员、生物地学部主任兼海洋研究所所长。1956年，离青去北京，历任中科院生物学部主任、动物研究所细胞遗传学研究室主任、动物研究所所长和副院长等职。他是第三届至第五届全国人大常委会委员，第五届全国政协副主席。1979年3月30日，在北京病逝，享年77岁。

童第周在比利时做科学实验

119

童第周与青岛的文化关系及其主要贡献
Tong Dizhou's Cultural Relations with and Main Contribution to Qingdao

童第周为一代生物学宗师，在青岛生活和工作了十余年，为山东大学生物学与海洋学学科的建设，为中科院海洋研究所的创立与发展做出了重要贡献，在城市的科学记忆中留下了浓墨重彩的一笔。

1. 长期在山东大学工作，为其生物与海洋学科的奠立与发展发挥了关键作用。

1934年，童第周自比利时留学归来，即到青岛任国立山东大学任生物系教授。1946年，山东大学在青岛复校，他再度来青岛，任山东大学动物学系主任。1951年，任山东大学第一副校长，为教学、科研和学校建设做出了重要贡献。

童第周夫妇在工作中

● 童第周（前左二）与同仁在位于莱阳路28号
的中国科学院海洋研究所大门前合影（1964年）

2. 主导创建中国科学院海洋研究所并担任领导职务，为其发展成为中国海洋研究的桥头堡做出重要贡献。

1950年，经童第周与曾呈奎、张玺的努力，中国科学院水生生物研究所青岛海洋生物研究室在莱阳路28号设立，这是新中国成立后青岛海洋科研的一次盛大重启。1959年，该研究室发展为中国科学院海洋研究所（现址位于南海路），童第周任所长。这一国家最高海洋科研机构的创立，实质性地夯实了青岛为中国海洋科学城的基础，确立了城市文化的新高度。

● 童第周的英文手稿

● 李约瑟赠与童第周的书

3. 从文昌鱼入手，在对核质关系的研究中取得世界级的科研成果，被誉为中国的"克隆之父"。

20世纪30～60年代，童第周领导的研究小组利用文昌鱼、海鞘和鱼类为材料，在青岛进行了开创性、持续性的实验胚胎学研究。他见微知著，通过对文昌鱼胚胎发育机理的系统观察和精密研究，搞清了作为脊椎动物祖先的文昌鱼的卵子发育规律，揭示了这一

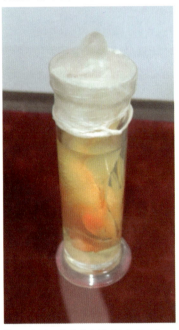

● 以童第周名字命名的"童鱼标本"

特殊海洋物种的生命秘密，进一步证明文昌鱼在进化上的地位是介乎无脊椎动物和脊椎动物之间的过渡类型，就此开创了我国克隆技术之先河，在国内外产生了深远的影响，使他享有中国"克隆之父"的美誉。他绘制了文昌鱼胚胎发育预定器官图谱，久为世界各国的胚胎学著作广泛引用。另外，在鱼类胚胎发育能力和细胞遗传、植物极性向动物极性流转、细胞核与

细胞质的关系、鲫鱼和鲤鱼的信息核糖核酸对金鱼尾鳍的影响等方面，均取得了重要的研究成果。他的研究文献保存完整，具有独特的科学史研究价值。

童第周故居的基本面貌
The Basic Features
of Tong Dizhou's Former Residence

　　童第周故居位于鱼山路36号。该建筑群落原为日本商校教工宿舍，建于1931年，1946年国立山东大学复校后，作为教授宿舍使用。童第周住在1号楼1户，楼上楼下共约76平方。为日本仿欧式建筑，地上两层，带阁楼。砖石木结构，花岗岩墙基，墙体山花多以岩石镶嵌屋面设计精巧，富于变化。

　　童第周故居保存基本完好，现为青岛市文物保护单位和山东省历史优秀建筑。

童第周故居现貌
（图中左下角建筑为童第周故居）

123

束星北故居
——"中国的爱因斯坦"所居之处

Shu Xingbei's Former Residence

The Residence of "Chinese Einstein"

做一个搞学问的人，首先要学会做人，要做一个不说假话的老实人。

——束星北

束星北故居

（鱼山路36号）

　　束星北（1907－1983），江苏扬州人，著名理论物理学家和教育家，中国海洋物理学的奠基人之一，被誉为"中国的爱因斯坦"和"中国雷达之父"，在相对论、量子力学、无线电和电磁学等方面建树颇丰，有《狭义相对论》等专著。1952年来青岛，任教于山东大学，后在国家海洋局第一海洋研究所工作。

束星北生平史迹
The Life Story of Shu Xingbei

1907年10月1日，束星北出生于江苏省江都县九帖洲（今属扬州广陵区头桥镇）。1924～1925年，先后在杭州之江大学和济南齐鲁大学读书。1926年2月，赴美留学，在堪萨斯州贝克大学物理系读书。1927年，转读旧金山的加州大学。当年7月，自美国启程，专门赴德国拜访科学巨匠爱因斯坦，一度作为其助手在爱因斯坦研究室工作了一段时间。1928～1930年，先后入英国爱丁堡大学和剑桥大学，获硕士学位。1930年，任美国麻省理工学院研究生兼研究助教，参与狄拉克方程研究工作。1931年9月回国后，先后在中央陆军军官学校、浙江大学、暨南大学及交通大学等校任教。其间，于1945年春研制成功中国首部雷达，被誉为"中国雷达之父"。1952年，来青岛工作，先后任职于山东大学、青岛医学院及国家海洋局第一海洋研究所。其间，于1979年春参加了我国的首枚洲际弹道导弹试验。

1983年10月30日病逝于青岛，享年76岁。

● 束星北在讲课

束星北与青岛的文化关系及其主要贡献
Shu Xingbei's Cultural Relations with and Main Contribution to Qingdao

　　束星北是我国早期从事量子力学和相对论研究的物理学家之一，为一代物理大师，在青岛取得重要研究成果。

　　1. 为山东大学、青岛医学院和国家海洋局第一海洋研究所相关学科建设做出重要贡献，是科研领域的代表人物。

　　束星北1952～1983年在青岛生活和工作了30余年，历任山东大学物理系教授和海洋系气象研究室主任、青岛医学院教员及国家海洋局第一海洋研究所研究员。在山东大学工作期间，适应国民经济建设需要，研究重点转向气象科学，主持成

●　束星北在工作中

● 青岛文化名人雕塑园中的束星北塑像

立了海洋气象研究室。在青岛医学院工作期间，重启相对论研究，于1965年写成《狭义相对论》书稿，此为其科学研究的代表之作。1980年，在国家海洋局第一海洋研究所组建海洋内波研究组，成为我国近海开展海洋内波研究的一支主导力量。

2.在青岛进行了一系列重要的科学实验，取得重大科技成果，加重了青岛为海洋科学城的分量。

大气动力学研究方面，束星北在温度直减影响因素、大气骚动波速方程、温压结构的槽脊方位和倾度关系、高空变压公式、基培尔学说修正等方面，取得了比当时通行理论更为完善的成果。晚年，他在动力海洋学研究方面亦有所斩获，研制成功海洋内波测温链。文革期间，他虽经受磨难，然矢志不渝，坚持进行科学研究，取得了重要成果。

【束星北致李政道函】

　　别后至以为念。看到你们在物理学上的非凡成就而衷心高兴，今接惠书，更感兴奋。便中能以别后的工作、研究和家庭情况下告否？

　　这次回国，当能看到祖国经历的惊天动地的变化，28年前那种国内卑污、国际受辱的现象已一去不复返矣！希望你能在国内多驻几时。并盼在不久的将来，能见到你们一面。

　　看到吴健雄、邹国兴、李博等诸位浙大旧友时，乞代致鄙意问候。

　　慰曾家仍在上海乍浦路蟠龙街六号，亦多年未通信矣。

　　特此敬祝

双安

　　　　愚束星北上

　　　　1972.10.20于

　　　　山东北镇青岛医学院

● 束星北复李政道函

【附：李政道致束星北函】

　　自重庆一别，离今已有差不多二十八年了。对先生当年在永兴湄潭时的教导，历历在念。而我物理的基础，都是在浙大一年所建，此后的成就，归源都是受先生之益。

　　此次回国，未能一晤，深民为怅，望先生小心身体。特此敬祝工作顺利，身体健康！

　　　　　　　　生 李政道上

　　　　　　　　十月十四日（1972年）

附：

慰曾兄前请代问好，在北京问了好多同学，但未得他的近况。

束星北故居的基本面貌
The Basic Features
of Shu Xingbei's Former Residence

束星北故居位于鱼山路36号。建筑群原为日本商校教工宿舍，建于1931年，为日本仿欧式建筑。1946年，国立山东大学在青岛复校后，作为教授宿舍使用。这是一处文化名人大院，除了束星北之外，童第周、冯沅君与陆侃如、丁西林等人文与自然科学巨匠均曾在此居住。

束星北住在2号楼3户，楼上楼下共约76平方米。

束星北故居保存基本完好，现为青岛市文物保护单位和山东省历史优秀建筑。

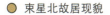
束星北故居现貌

朱树屏故居
——在有限与无限的港湾探索精神

Zhu Shuping's Former Residence
The Spiritual Quest between Limitation and Infinity

这个方针的提出，使我国人民的生产劳动范围由有限的陆生扩大到广大的水域中，从种地扩大到种水……

——朱树屏《"以养为主，积极捕捞"是我国独创性的水产方针》

朱树屏故居
（金口二路13号）

　　朱树屏（1907－1976），字锦厅，号叔平，山东昌邑人，著名的海洋生态学家和水产学家，世界浮游植物实验生态学领域的先驱，中国海洋生态学、水产学及湖沼学研究的奠基人。1947年，来青岛创办国立山东大学水产系。1951年再度来青，先后在中国科学院水产生物研究所青岛海洋生物研究室和农业部水产实验所工作。图为青岛文化名人雕塑园内的朱树屏塑像。

朱树屏生平史迹
The Life Story of Zhu Shuping

　　1907年4月1日，朱树屏生于山东省昌邑县北孟乡朱家庄子村。1934年毕业于南京中央大学生物系。1938年，经中英庚款董事会考试而赴英国伦敦大学皇后学院专攻水产学。1941年，获博士学位。再入剑桥大学研读浮游生物，获哲学博士学位。随后，曾在普利茅斯海洋研究所和英国淡水水产生物研究所从事研究工作。在英国，他研制成功了以其姓氏命名的单细胞藻培养液——朱氏第十号培养液。1946年1月，被聘任为美国伍兹霍尔海洋研究所研究员兼藻类研究室主任。当年12月回国，先后在云南大学生物系和中央研究院上海动物研究所工作。

　　1947年秋，他首度来青岛，组建国立山东大学水产系并任系主任一年。1951年1月重返青岛，到中国科学院水生生物研究所青岛海洋生物研究室（中国科学院海洋研究所的前身）工作。

同年3月，调至农业部水产实验所（今中国水产科学研究院黄海研究所）任所长，兼任山东大学水产系教授。1976年7月2日病逝于青岛，享年69岁。

135

● **朱树屏与导师弗里奇等在英国留影**

朱树屏与青岛的文化关系及其主要贡献
Zhu Shuping's Cultural Relations with and Main Contribution to Qingdao

1. 创建山东大学水产系，进一步完善了山东大学的海洋研究体系，夯实了青岛海洋科学城的历史地位。

1947年，国立山东大学特向中央研究院上海动植物研究所借聘朱树屏一年，以主持水产系的创立与发展。他于当年7月出任水产系主任一年，为我国最重要水产系的创设与早期发展做出了突出贡献。1948年5月，他出任水产系新设的水产研究所所长。他筚路蓝缕，为系、所的建立和正常运转付出了巨大努力，设置了科学完备的专业体系。离任后，他继续支持水产系的建设，反对南迁，赞成水产系留在青岛。他的意见是："无论迁复旦或厦门，师资及课业方面之诸多困难问题仍是意料中的，请同学不要希望过高！以致实现后失望大甚。青岛的环境及前途实不下于上海及厦门。深愿青岛山大将永是水产系的老家。"

⬤ 朱树屏（中）、赵太侔（右）
曾呈奎（左）在大港（1947年）

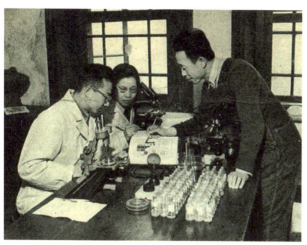

● 朱树屏（右）与山东大学生物系教授李冠国（左）等
在进行浮游生物分析工作

2. 作为浮游植物生态学领域的世界先驱，在我国海带、紫菜人工养殖技术开发中作出了关键性的贡献。

朱树屏长期致力于海洋植物生态学研究，取得了世界性的成果。在海带养殖方面，他率先组织开展海带养殖研究，发明了世界领先的海带自然光育苗法。在紫菜养殖方面，他率领全国14个科技单位联合攻关，实现了坛紫菜人工育苗与养殖研究的重大突破。在青岛，他撰写了《中国近海浮游植物与水文及渔业的关系》《十年来我国海洋浮游植物的研究》等论文40余篇，其《海带施肥养殖》《海带自然光育苗》《坛紫菜人工育苗与养殖的研究》三项成果均获1978年全国科学大会奖。科技造福于社会，科学价值与经济价值相结合，这是朱树屏一系列研究成果带来的启示。

137

3. 作为中国海洋调查事业的奠基人之一，主导和参与国家海洋普查和水产规划，形成战略视野。

朱树屏是中国海洋调查事业的奠基人之一。20世纪50年代他与童第周共同组织领导了"烟威外海鲐鱼渔场调查"，这是我国历史上的第一次正式的海洋调查。后来，他参与主持了全国海洋综合调查，多次参加国家科技规划工作，为水产科学研究和水产事业发展提出了诸多具有战略意义的理论方法。

● 1958年，朱树屏（前右二）与童第周（前左三）
在莫斯科出席太平洋西部渔业会议时与中外科学家留影

朱树屏故居的基本面貌
The Basic Features
of Zhu Shuping's Former Residence

朱树屏故居位于金口二路13号，环境优雅，在青岛湾与汇泉湾之间坐享无边海色。该建筑建于1928年，为欧式民宅。占地面积624.3平方米，建筑面积141.76平方米。庭院较为开阔，北侧沿街开有大门，地势北高南低。建筑造型端庄典雅，砖石木结构，地上两层，有半地下室和阁楼，南立面设有观景楼台。花岗岩砌基并形成半地下室墙体，水刷墙结合波纹墙，三角山墙上有简洁装饰。红瓦坡顶，上有老虎窗。1951～1976年，朱树屏在此楼的三层（地上二层）居住。

朱树屏故居保存较好，现为青岛市文物保护单位和山东省历史优秀建筑。

● 朱树屏故居

赫崇本故居
——引领海洋科学发展之路

He Chongben's Former Residence
Pathfinder of Marine Science Development

赫崇本故居
（鱼山路9号甲）

要把我们失去的时间夺回来，我回到祖国就是要把中国的海洋事业发展起来，而不是一个人写几篇文章、出几本书，不然我就不回国了……现在有这么多的年轻人成长起来了，我看着就高兴。一看到他们拿着一本本的书稿让我来改的时候，觉得自己没有白下工夫。

——赫崇本

　　赫崇本（1908－1985），满族，辽宁凤城人，著名物理海洋学家和教育家，中国物理海洋学科的主要奠基人，新中国海洋事业的开拓者，海洋事业决策的主要咨询人和主要推动者之一。1949年春，来青岛工作。2009年，当选新中国成立60年十大海洋人物。图为青岛文化名人雕塑园中的赫崇本塑像。

赫崇本生平史迹
The Life Story of He Chongben

1908年9月30日，赫崇本出生于辽宁凤城县。1928年，考入清华大学物理系。1932年毕业后，先后在河北工学院、清华大学和西南联合大学等校任教。1943年，赴美留学。1948年，获加州理工学院气象学博士学位。随后进入加利福尼亚大学斯克里普斯海洋研究所，攻读海洋博士。1949年初，放弃博士学位和美国优越的工作条件，冲破层层阻力回国。当年春来青岛，任山东大学海洋研究所副所长。1952年，创办海洋系。1958年以后，在山东海洋学院的创办与发展过程中做出了重要贡献。20世纪五六十年代，两度参与制定我国的科技发展规划。1958年，参与组织第一次全国海洋综合调查。其间，倡导成立国家海洋局。20世纪六七十年代，组织了两次大规模的海洋仪器会战，解决了我国海洋调查仪器的国产化和现代化问题。

1985年7月14日，病逝于青岛，享年77岁。

143

清华大学物理系师生合影，后排左一为赫崇本（1935年）

赫崇本与青岛的文化关系及其主要贡献
He Chongben's Cultural Relations with and Main Contribution to Qingdao

　　赫崇本是新中国海洋科学的主要奠基人之一，长期在青岛工作，致力于建设和发展独树一帜的海洋学科体系，为青岛和中国海洋事业的发展做出重大贡献。

　　1. 创办山东大学海洋系，倡导和参与组建山东海洋学院，巩固了青岛海洋科学城的历史地位。

　　1947年，山东大学海洋研究所创立，赫崇本代表了其专业力量，同时积极筹建物理海洋专业和海洋系。1952年，山东大学海洋研究所与厦门大学海洋系合并，成立山东大学海洋系，赫崇本成为创系主任，先后于1952年和1957年开办了物理海洋

⬤ 国立山东大学科学馆

● 山东海洋学院

学与气象学专业，将中国海洋科学研究引向深入。

　　1958年秋，山东大学内迁济南，赫崇本以战略家的眼光，上书中央建议以留青的海洋系为基础，加上海洋生物、海洋化学等专业组建山东海洋学院。中央不仅很快批复了这个建议，而且还把学校定为全国13所综合性重点大学之一。山东海洋学院成立后，赫崇本先后担任教务长和副院长。

145

2. 在物理海洋学特别是在中国近海水文特征的变化、水团分析和浅海海洋调查等方面取得重要研究成果。

　　赫崇本开创了中国对海洋学基本问题之一——"水团"的研究，首次对黄海冷水团的形成、性质、范围及季节变化等问题进行了系统、全面的分析研究，论证了大气圈和水圈的相互制约关系。他主编的《中国近海水系》是中国海洋界一部重要文献。1958年，中国启动了第一次大规模海洋综合调查，为确保调查资料的可靠性和权威性，赫崇本分析并建立了浅海水文调查方法，阐明了水温要素变异在浅海海洋调查中的作用机理，

● 赫崇本在工作中

奠定了中国海域海洋调查方法的基础。1959年，山东海洋学院建立，赫崇本任物理海洋研究所所长，致力于中国特色的海洋研究体系的建立，先后支持成立了海洋环境保护研究中心、海洋遥感与海洋光学信息处理研究室、海洋物理化学及海水防腐研究室、海洋激光研究室、海岸工程研究室、水产养殖研究所等海洋研究机构。其间，积极致力于中国的海洋科学与国外的学术交流。

3. 从宏观上思考新中国的海洋科学的前途，参与制定我国海洋科学发展规划和开展一系列国家级的海洋科研工作。

作为国家科委海洋组副组长，赫崇本在中国海洋科学研究与海洋发展规划过程中，起着重要的决策作用，多次参加了新中国海洋科学长远规划的制定工作，领导中国海洋综合调查和多项相关科研工作，为青岛海洋科学城的建设，为新中国海洋研究与海洋战略的实施做出了突出贡献。

赫崇本故居的基本面貌
The Basic Features
of He Chongben's Former Residence

赫崇本故居位于鱼山路9号甲，小鱼山西麓，与原山东大学（今中国海洋大学）一墙之隔。该建筑为欧式民居，建于20世纪30年代。建筑平面呈折角式分布，占地面积约400平方米，建筑面积247平方米。砖木结构，地上两层，有地下室。花岗石砌基，黄色水刷墙，红瓦坡顶。主入口设于西南角，门窗皆取方券。室内铺装木板地，无多余雕饰。环境清幽，院落整洁。

1949～1985年，赫崇本任山东大学教授时居住在此。

赫崇本故居保存基本完好，现为青岛市文物保护单位和山东省历史优秀建筑。

147

● 赫崇本故居

张玺故居
——见证海洋科学之光

Zhang Xi's Former Residence

Witness of the Light of Marine Spirit

张玺故居

（莱阳路28号甲）

欧洲人嗜食牡蛎，远过于吾国人士，其养殖法的进步与生产品之优良，驾吾国牡蛎业而上之者，或即以此嗜食风盛故也。

——张玺

　　张玺（1897－1967年），字尔玉，河北平乡人，著名海洋动物学家，中国湖沼学和动物学研究的先驱。1932年后，兼任国立山东大学教授。新中国成立后，参与筹建中国科学院水生生物研究所青岛海洋生物研究室（今中国科学院海洋研究所），任副主任。1957年，出任中国科学院海洋研究所副所长。

张玺生平史迹
The Life History of Zhang Xi

　　1897年2月，张玺出生于河北省平乡县。1922年，公派法国留学。1927年，获里昂大学硕士学位，在瓦扬(C. Vaney)教授指导下从事后鳃类软体动物研究。1931年，获博士学位。其间，与林镕、朱洗、贝时璋等发起创立中国生物学会，与齐雅堂等创立中国农学会。1932年回国，任国立北平研究院动物研究所研究员，兼中法大学、云南大学、北京大学和山东大学教授。抗日战争全面爆发后，随所迁往昆明。1938年任所长。

　　1950年，张玺与童第周、曾呈奎等一起筹建中国科学院水生生物研究所青岛海洋生物研究室(中科院海洋研究所的前身)。1958年，与邱秉经一起筹建中国科学院南海海洋研究所，兼任所长，同时兼任中国科学院动物研究所研究员。

151

中国科学院水生生物研究所青岛海洋生物研究室

张玺与青岛的文化关系及其主要贡献
Zhang Xi's Cultural Relations with and Main Contribution to Qingdao

张玺是我国软体动物学和湖沼学研究的先驱，是研究后鳃类的世界知名学者，为青岛的海洋生物研究与海洋生态研究做出重大贡献。

1. 特别注重海洋生态保护，主导了历史上第一次胶州湾海洋动物考察，是胶州湾海洋环境保护的先驱。

1935～1936年，张玺任团长，带领由北平研究院和青岛市政府联合组成的"胶州湾海洋动物采集团"，在历史上首次对胶州湾各类动物及海洋环境进行了全面的科学调查，取得大量一手资料，发表了重要学术成果，奠定了胶州湾保护的科学基础。

2. 在中国科学院海洋研究所创办与发展过程中发挥了关键作用，为新中国海洋科学发展做出突出贡献。

1950年，张玺与童第周、曾呈奎共同主持成立了中国科学院水生生物研究所青岛海洋生物研究室，担任副主任。后来，该研究所发展成为中国科学院海洋研究所，他担任副所长，确保了研究所的顺利发展。缘此，青岛作为中国海洋科学城的历史地位得以巩固。这期间，他对长牡蛎、近江牡蛎以及栉孔扇贝的繁殖和生长以及生态学进行了细致的研究，提出了开发这些贝类的设想及繁殖保护措施，为今天大规模的养殖奠定了基础。他领导了我国海洋无脊椎动物的资源调查，积极参与组织了全国海洋普查和海南岛海洋动物考察。

张玺故居的基本面貌
The Basic Features
of Zhang Xi's Former Residence

张玺故居位于莱阳路28号甲，西邻青岛湾。该建筑建于20世纪30年代，建筑面积约619平方米。砖石结构，地上两层，有阁楼和地下室。花岗石砌基，黄色水刷墙面，红瓦坡顶。主入口朝东，南立面和西立面均为三角山墙，北面设有观景平台。1957年，张玺出任中国科学院海洋生物研究所副所长后，在此居住。

张玺故居保存完好，现为青岛市文物保护单位和山东省历史优秀建筑。

张玺故居

153

毛汉礼故居

——海洋科学家的朴素屋宇

Mao Hanli's Former Residence

Simple Residence of a Marine Scientist

毛汉礼故居

（福山路36号）

要出高水平的成果，
必须有高水平的人才。
　　　　　—— 毛汉礼

　　毛汉礼（1919—1988），浙江诸暨人，我国著名的海洋物
理学家和科学翻译家。1954年海外归国，来到青岛，长期在中
国科学院海洋研究所从事海洋研究工作。图为青岛文化名人雕
塑园内的毛汉礼塑像。

毛汉礼生平史迹
The Life Story of Mao Hanli

　　1919年1月25日，毛汉礼出生于浙江省诸暨县。1943年毕业于浙江大学文学院史地专业，后到中央研究院气象研究所工作。1947年赴美国，在加利福尼亚大学斯克里普斯海洋研究所专攻海洋学。1951年获得博士学位后受聘担任该所副研究员。

　　1954年毛汉礼回国，在中国科学院青岛海洋生物研究室（今中国科学院海洋研究所的前身）工作。1978年，出任中国科学院海洋研究所副所长。1980年，当选为中国科学院学部委员。历任国务院科学规划委员会海洋组成员、中国海洋湖沼学会副理事长、中国海洋学会副理事长、国际大地测量及地球物理联合会中国委员会委员、国际海洋科学协会中国委员会主席等职，著有《海洋科学》《海洋水文物理学的研究》等专著。

毛汉礼（左）出席联合国会议

毛汉礼故居
Mao Hanli's Former Residence

157

毛汉礼与青岛的文化关系及其主要贡献
Mao Hanli's Cultural Relations with and Main Contribution to Qingdao

在青岛工作期间，毛汉礼参与了中国海洋科学史上一系列重大活动，为中国海洋物理学的形成与发展与国际海洋学术交流做出了杰出贡献。

1. 参加历次国家海洋科学规划和海洋调查，为发展我国海洋科学事业献计献策。

毛汉礼非常重视掌握国际海洋科学发展的新动向，1956年在《科学通报》上发表《海洋学的任务、发展和现状》，提出开发海洋、加强海洋科学研究的一系列对策。回国之初，参加了由童第周、朱树屏、张孝威等教授领导的我国首次渔场综合调查——烟台、威海外海鲐渔场调查。他参加了1958～1961年进行的全国海洋普查，参与撰写《全国海洋综合调查报告》（1978年获全国科学大会奖）。20世纪70年代以来，他主持了"黄东海大陆架综合调查研究"和"黄东海环流结构与海气相互作用的研究"两大课题，取得重要成果。

2. 开拓海洋研究领域，取得一系列重要的科研成果。

在黄东海海流系统、河口海洋学、黄东海大陆架、环流与海气相互作用机制等方面，毛汉礼的研究成果具有开创性，提升了我国相关领域的科学研究水平。同时，他还热情译介国外研究成果，主要译著包括《动力海洋学》《海洋》《湾流》等。为了让青少年更多地了解海洋科学知识，他还特别撰写了通俗读物《海洋科学》。

毛汉礼故居的基本面貌
The Basic Features
of Mao Hanli's Former Residence

毛汉礼故居位于鱼山路36号，小鱼山脚下，福山路与鱼山路交界处。

此楼共三层，建于20世纪50年代。砖混结构，黄色水刷墙，红瓦坡顶，造型简洁。庭院较为开阔，植被较好。毛汉礼曾居一楼其中的一楼东户，使用面积约为102平方米。

毛汉礼故居保存基本完好，现为青岛市文物保护单位和山东省历史优秀建筑。

毛汉礼故居

159

华 岗 故 居
——在新中国的文史哲视野中

Hua Gang's Former Residence

In the Literary, Historical and Philosophical Scope of PR

华 岗 故 居

（龙口路40号）

知识无涯天地宽，虚行即骑莫迟徨。
双膝朱膑当知足，可酬热血换文章。

——华岗

　　华岗（1903—1972），字西园，浙江龙游人，我国著名的马克思主义哲学家、史学家和教育家。1951～1955年在青岛工作，任山东大学校长。

华岗生平史迹
The Life Story of Hua Gang

1903年6月9日，华岗生于浙江省龙游县。1925年夏天，任青年团南京地委书记，加入中国共产党，开始革命生涯。此后在上海、江浙及河北等地担任团的领导职务。1928年5月赴莫斯科出席中国共产党第六次代表大会和中国共产主义青年团第五次全国代表大会，同时还参加了共产国际第六次代表大会和少共国际第五次代表大会。1930年翻译出版《共产党宣言》。

1932年9月，华岗被任命为中共满洲特委书记，自上海赴任途中路过青岛，被捕入狱，先后关押在山东省第一监狱和武昌反省院。1937年10月16日被营救出反省院。1938年1月16日，出任在汉口创刊的《新华日报》总编辑。1939年秋因病疗养其间编写了《中国民族解放运动史》《社会发展史纲》《苏联外交史》《中国历史的翻案》等书。1943年，担任中共南方局宣传部长，化名林少侯，积极团结李公朴、闻一多、费孝通、吴晗等著名人士。抗战胜利后，毛泽东主席赴重庆与蒋介石谈判"和平建国"问题，华岗担任代表团顾问。1946年5月，随周恩来去上海，担任上海工委书记，组织开展爱国民主运动。1947年回延安。1948年，经党中央批准到香港休养。

1949年9月，华岗自香港乘船北上，在青岛登陆，因健康问题而留在青岛休养，后被安排到山东大学工作。于是，他开始以教授的身份给师生员工讲授政治大课《社会发展史》。1950年春，当选为校务委员会主任。1951年，华东大学迁来青岛与山东大学合并，华岗被中央任命为新的山东大学校长兼党委书记。1955年8月，华岗被诬为"胡风反革命集团分子"，遭到错误审查和处理，此后被长期关押。狱中，他写下了《规律论》《美学论要》《列宁表述"辩证法十六要素"试释》《自然科学发展史纲要》《老子哲学的伟大成就及其消极面和局限性》等著作，近百万字。

　　1972年5月17日，病逝于济南，享年69岁。1980年3月28日，获得平反昭雪，恢复名誉。

1949年的华岗

华岗与青岛的文化关系及其主要贡献
Hua Gang's Cultural Relations with and Main Contribution to Qingdao

新中国成立后，华岗担任山东大学校长，长期在青岛工作，留下了重要的文化足迹。

1. 主持山东大学，以教学和科研为中心，确保了其学术延续性与创新性，创造了新中国成立后山东大学的黄金时期。

1951年，合校后的山东大学规模庞大，有5院18系，是一所文、理、工、农、医齐全的综合性大学。为在新时期办好大学，华岗呕心沥血，开拓进取，善于团结各方面知识分子，表现出很高的理论水平、教育思维和领导能力，为山东大学带来了新的学术繁荣。他特别强调学校要"以教学、科研为中心"，而总务、后勤等工作必须为教学服务，政治思想工作也应围绕这个中心展开。他重视系科调整和课程改革，加强重点学科的建设。在文科方面，将一度合并到一起的中文和历史系（文史系）独立设置为中文、历史两系，并亲自讲授《中国近代史》《五四运动史》《鲁迅研究》等课。在理、工、农、医方面，特别强调所有院系的教学工作均须同国家、地方建设密切结合。

2. 创办《文史哲》杂志，开风气之先，敢于进行学术民主和百家争鸣，学术影响巨大，占据了文化思想战线的高地。

着眼于学术研究、思想革新与文化传承的需要，1951年，华岗主导创办了《文史哲》杂志并兼任杂志社社长。他主张运用唯物史观研究中国古代文化遗产，积极开展百家争鸣，进行广

165

● 华岗在龙口路寓所

泛的学术争论，因而《文史哲》得以在全国较早开展了诸如"奴隶制和封建制分期""《红楼梦》的时代背景问题"及"资本主义的萌芽问题"等学术争论，带来了新中国成立初期学术研究的新风气。

3. 开拓海洋学科领域，奠定了新中国海洋教育全面发展的的基础。

1952年，全国高校院系调整，在山大的系科设置上，华岗表现出了战略眼光，不失时机地建设重点学科，为新山大确立了"文史见长、发展生物和开拓海洋"这一发展战略。当年，山东大学在既有海洋研究所并接受厦门大学海洋系部分专业的基础上，设立了专门的海洋系，就此开启了新中国海洋教育与研究的先河。三十多年以前国立青岛大学首任校长杨振声创办海洋学系的愿景得以实现，这是一种意义深远的薪火相传。

华岗故居的基本面貌
The Basic Features
of Hua Gang's Former Residence

华岗故居位于龙口路40号，信号山以西，处于国立山东大学原址的西南方，近基督教堂和德国总督官邸旧址，距青岛湾不远。该建筑建于20世纪30年代，为欧式别墅。砖石结构，地上两层，有阁楼和地下室。花岗石砌基，黄色水刷墙，红瓦坡顶。主入口设于北面，有门楼。地上一层东立面，有凸出的堡楼式露台。20世纪50年代，华岗任山东大学校长时，在此居住。

华岗故居保存基本完好，现为青岛市文物保护单位和山东省历史优秀建筑。

华岗故居
Hua Gang's Former Residence

● 华岗故居

刘知侠故居
——书写者的激情岁月

Liu Zhixia's Former Residence

Passionate Days of the Writer

在这种心情下，我就用嘴来讲，象一般故事的传播者一样，当战斗或工作之余，我就把他们的战斗故事，讲给战友和同志们听，大家都很爱听，并深受感动。每当休息下来的时候，同志们都围上来，要我讲，有时我也主动的讲。由于我对铁道游击队故事中人物的喜爱和热心传播，有的同志见到我竟喊我为"铁道游击队"了。当时所讲的故事，也许就成为我今天小说的胚胎了吧！

——刘知侠

刘知侠故居
（金口二路42号）

　　刘知侠（1918－1991），原名刘兆麟，河南卫辉人，著名作家，代表作为《铁道游击队》。1985年来青岛定居，专事文学创作。

刘知侠生平史迹
The Life Story of Liu Zhixia

1918年3月19日，刘知侠出生在河南省汲县（今卫辉市）柳卫村，原名刘兆麟。1938年3月，到延安抗日军政大学学习，当年底随抗大一分校东迁太行山。1940年初，抵达沂蒙山区，先后在抗大文工团和山东省文协工作，主编《山东文化》杂志。其间，1944年和1945年两次到微山湖和枣庄地区采风，亲历了铁道游击队的战斗生活，开始酝酿长篇小说《铁道游击队》。

新中国成立后，在山东省文联工作。1952～1953年，写出长篇小说《铁道游击队》。"文革"中受到冲击，1978年复职。1980年，任山东省文联第一副主席及山东省作家协会主席。1986年，移居青岛。1991年9月3日，病逝于青岛，享年73岁。

抗战时期刘知侠（后排左三）与文工团战友及乡亲的合影

刘知侠与青岛的文化关系及其主要贡献
Liu Zhixia's Cultural Relations with and Main Contribution to Qingdao

20世纪60年代，刘知侠曾在青岛生活过一段时间，时居龙江路36号甲。后到济南任职于山东省文联。晚年重归青岛，度过了一生最后的五年时光。垂暮之年，他克服困难笔耕不辍，以超人毅力创作了百余万字的作品，包括长篇小说《沂蒙飞虎》《知侠中短篇小说选》及《战地日记——淮海战役见闻录》。其中，《沂蒙飞虎》是其晚年的代表作。这是他继《铁道游击队》之后的第二部长篇小说，以20世纪40年代为背景，讲述了一名叫作高山的贫苦牛倌在抗日烽火中的成长故事，弘扬了爱国主义和英雄主义精神。作品延续了其既有的文学创作风格，丰富了红色经典系列，同时对城市文化亦有所增益，取得了较高的文学成就。作为《铁道游击队》的作者，他的作品有着鲜明的时代特征，见证了半个世纪以来文学与社会的变迁。

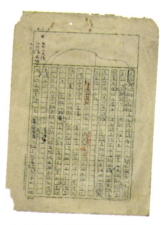

● 刘知侠捐献给青岛档案馆的《铁道游击队》手稿

刘知侠故居的基本面貌
The Basic Features
of Liu Zhixia's Former Residence

刘知侠故居位于金口二路42号，小鱼山以西，近汇泉湾。该建筑建于1987年，是一座多层住宅楼。刘知侠寓所位于该楼西单元两层，建筑面积200平方米。砖混结构，抹灰外墙，平屋顶。1985年，刘知侠来青岛定居后，在此居住。

刘知侠故居保存完好，现为青岛市文物保护单位和山东省历史优秀建筑。

● 刘知侠故居

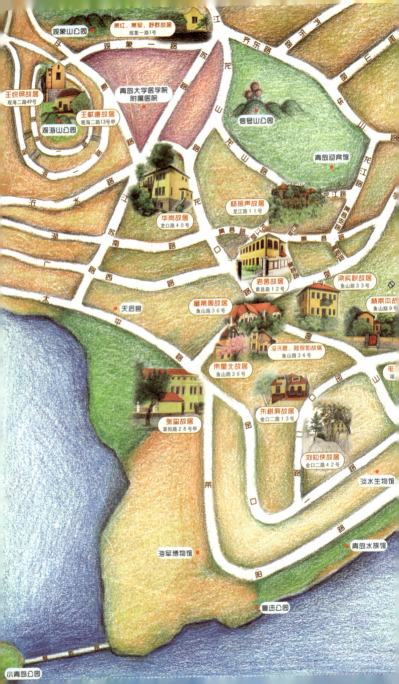

观象山公园
黑红、黑军、舒群故居
观象一路1号
齐乐路

青岛大学医学院
附属医院

信号山公园

王统照故居
观海二路49号

王献唐故居
观海二路13号甲

观海山公园

青岛迎宾馆

杨振声故居
龙江路11号

华岗故居
龙口路40号

黄昌路

老舍故居
黄县路12号

梁实秋故居
鱼山路33号

天后宫

童第周故居
鱼山路36号

赫崇本故居
鱼山路9号

沈元君、陆侃如故居
鱼山路36号

束星北故居
鱼山路36号

朱树屏故居
金口二路13号

张玺故居
莱阳路28号甲

刘知侠故居
金口二路42号

淡水生物馆

海军博物馆

青岛水族馆

鲁迅公园

小青岛公园